Nara University
奈良大ブックレット
07

自然と人間

奈良盆地に生きる

木村圭司　稲垣 稜　三木理史　池田安隆

ナカニシヤ出版

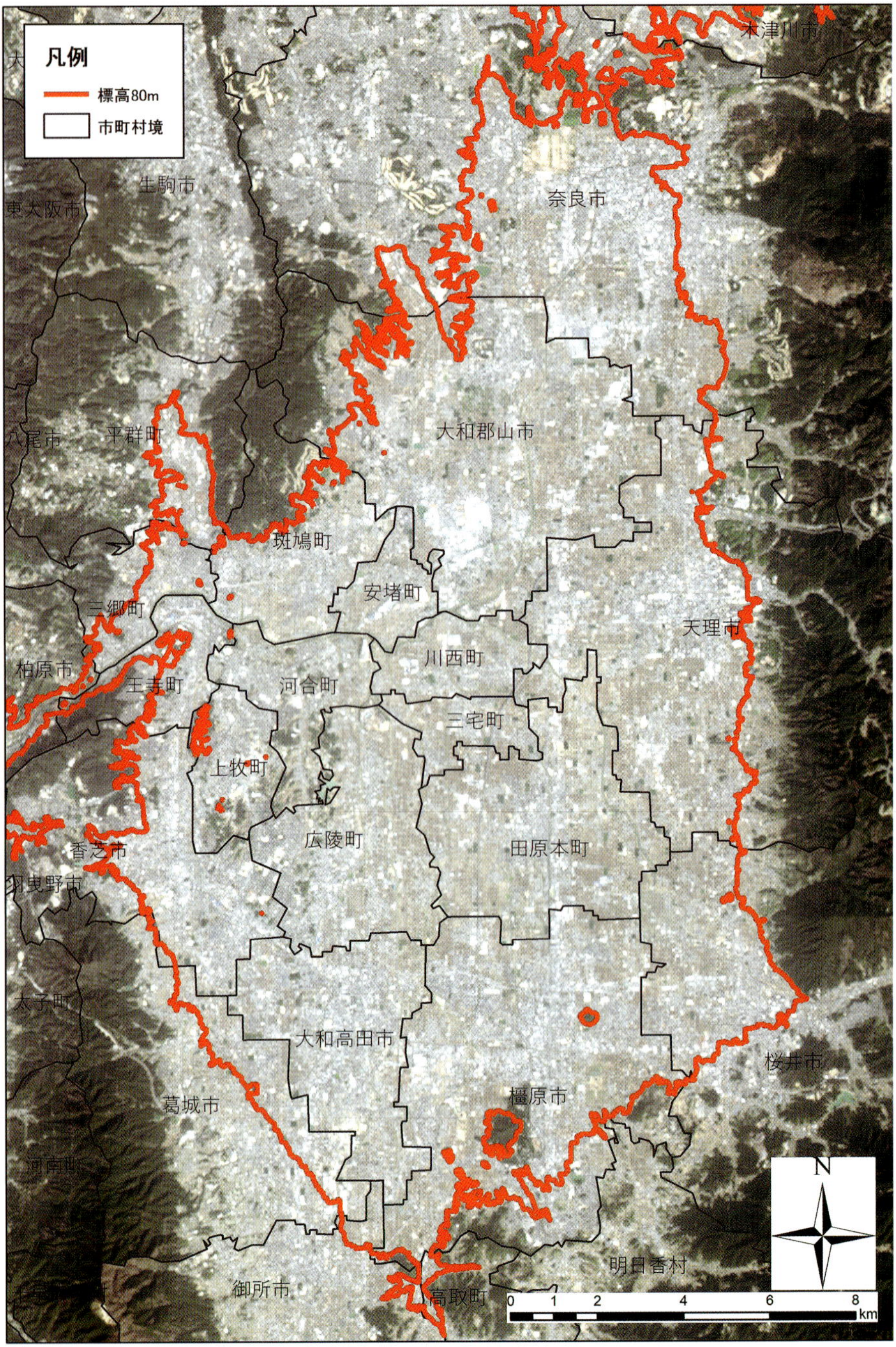

図1　奈良盆地の市町村（国土数値情報およびLANDSAT 8号のデータを用いて作成）

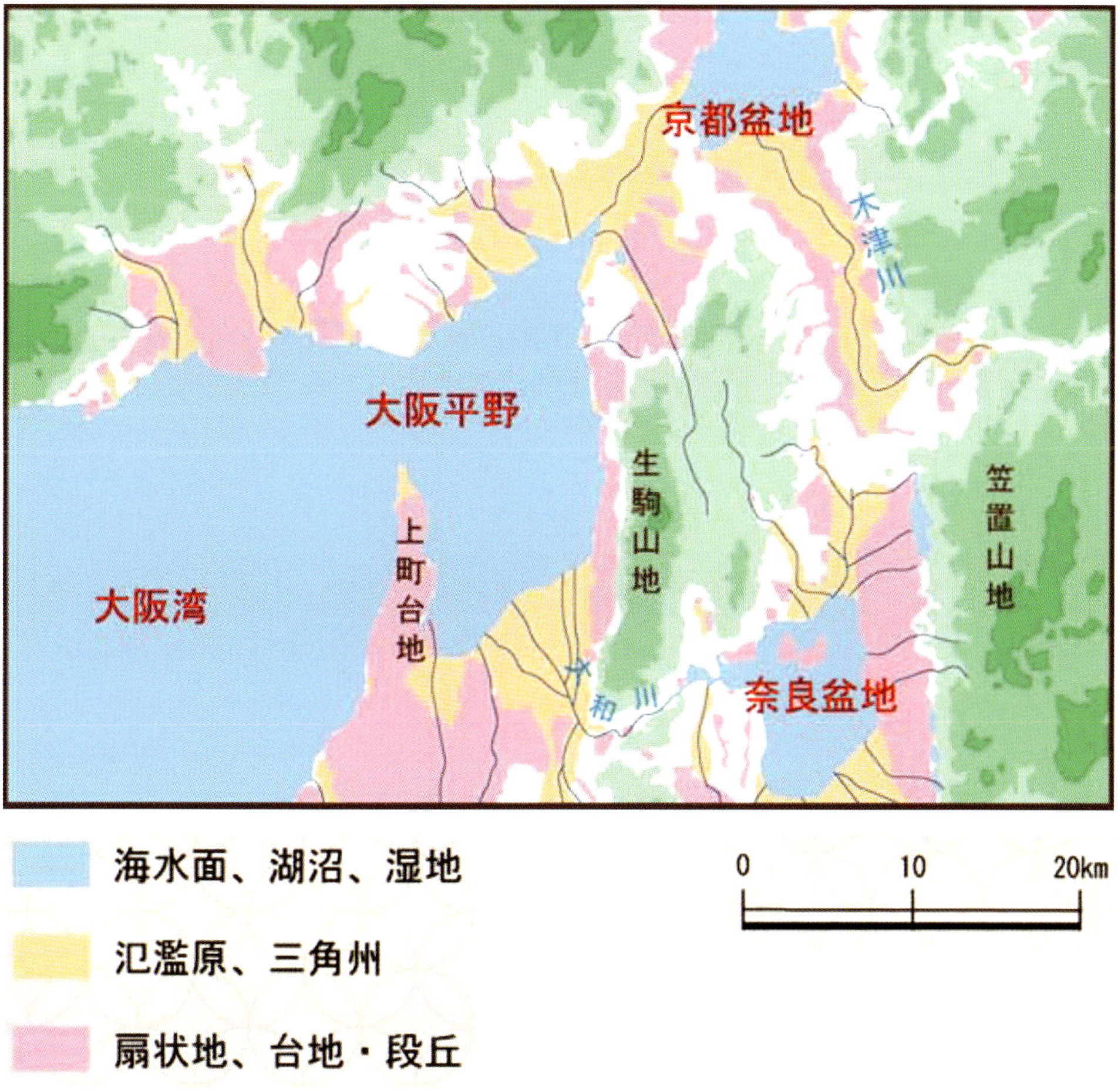

図２　縄文期（約 6000 年前）の地形
（国土地理院（2009）5 万分 1 集成図「奈良」より引用。http://www.gsi.go.jp/chizuhensyu/chizuhensyu41001.html）

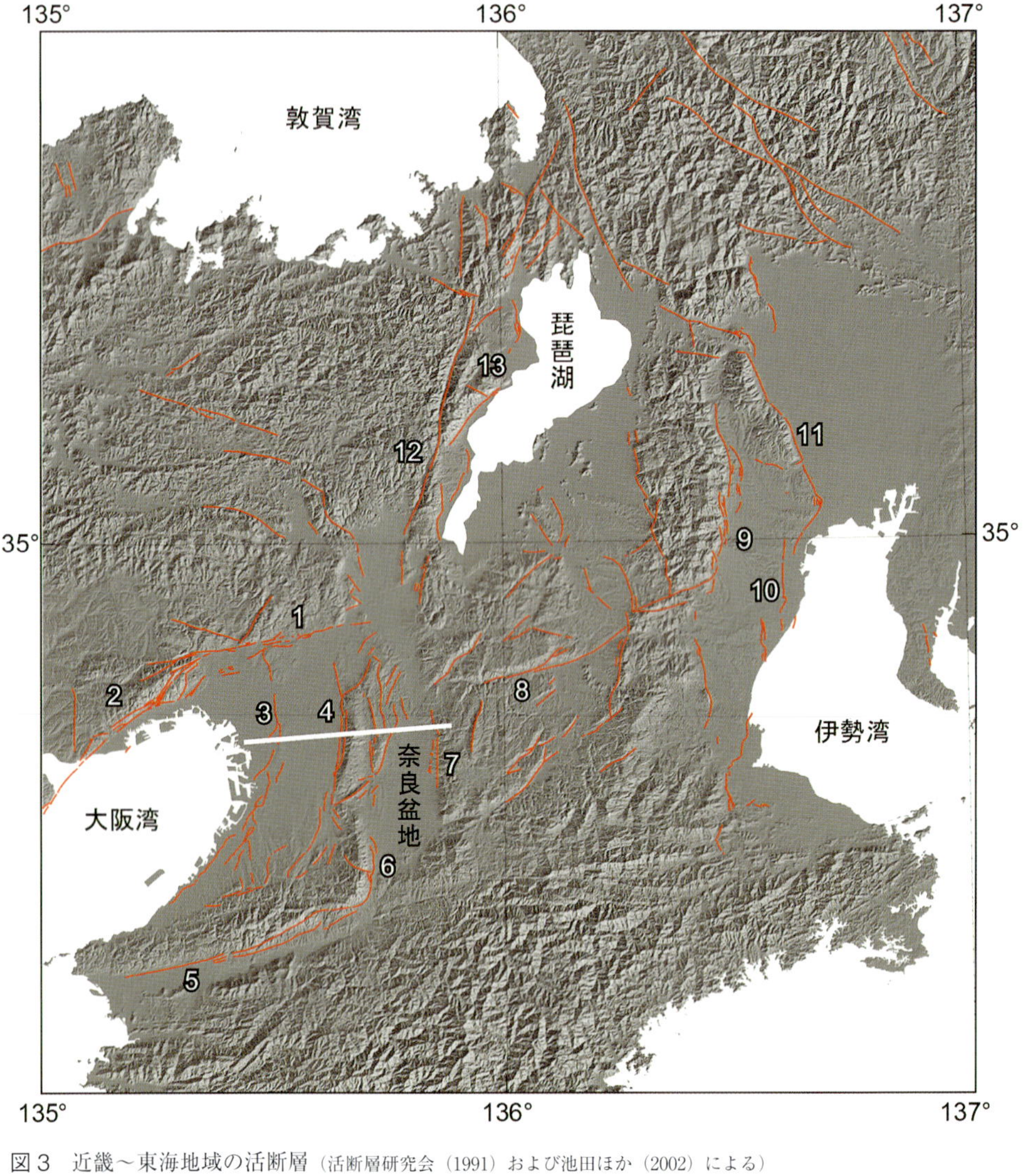

図３　近畿～東海地域の活断層（活断層研究会（1991）および池田ほか（2002）による）
第1章 図4の地下構造断面の位置を白実線で示す。主要な断層名：1 有馬―高槻構造線、2 六甲断層帯、3 上町断層、4 生駒断層、5 中央構造線、6 金剛山地東縁断層、7 奈良盆地東縁断層帯、8 木津川断層帯、9 鈴鹿東縁断層、10 四日市断層、11 養老断層、12 花折断層、13 琵琶湖西岸断層

もくじ

はじめに

著者一同

盆地とは何か

日本には多くの盆地が見られる。盆地とは、周囲を山脈・山地や台地などに囲まれており、中央部に平地を持つ地形をいう。盆地の「盆」という言葉について、米地（二〇〇一）で詳しく議論されているように、盆という言葉には「①盂蘭盆会の略で旧暦の8月15日をさす。②物をのせて運ぶための縁の浅い平らなトレイ。③口の大きく開いた、平らな鉢型の瓦器。」という三つの意味があるとされる。盆地で用いられる「盆」は②ではなく③であり、「盆栽」「覆水盆に返らず」で使われている「盆」と同じである。なお、形は必ずしも円形でなくてもよい。

日本にある盆地は、大小合わせて三〇〇を超えるという。この中で奈良県内について見ていくと、奈良盆地はよく知られているが、そのほかにも、関谷《せきや》盆地（香芝《かしば》市）、飛鳥《あすか》盆地（明日香村）、田原《たわら》盆地（生駒市と大阪府四條畷市にまたがる）は奈良盆地の一部といってもよいであろう。奈良県東部の大和高原には、大柳生《おおやぎゅう》盆地（奈良市）、都介野《つげの》盆地（奈良市）、榛原《はいばら》盆地（宇陀市）、宇陀《うだ》盆地（宇陀市）、曽爾《そに》盆地（曽爾村）があり、また、奈良県中南部には洞川《どろがわ》盆地（天川村）、五條《ごじょう》盆地（五條市）がある。このように奈良県には、あわせて一一もの盆地が名付けられている。

奈良盆地の位置

奈良盆地は奈良県北部に位置する盆地で、西を金剛山地と生駒山地、東を大和高原、北を平城山《ならやま》丘陵、南を竜門山地に囲まれている。標高は四〇～八〇メートルである。東西約一五キロメートル、南北約三〇キロメートルの地域で、人口は奈良県の八割以上を占める約一一〇万人であり、近年では大阪や京都のベッドタウンとなっている。

奈良盆地の大部分は大和川水系であるが、奈良盆地最北部の京都府との府県境に近い狭い範囲には淀川水系木津川の支流も流れている。盆地には、生駒山地から生駒谷を隔てた矢田丘陵と、その矢田丘陵から富雄川を隔てて東にある西ノ京丘陵、それに河合町から広陵町にかけて広がる馬見丘陵などの丘陵地を含むこともある。

こうした標高の定義を用いると、奈良盆地には、二〇一八年一〇月現在で、九市一〇町一村、（奈良市、大和高田市、大和郡山《やまとこおりやま》市、天理市、橿原《かしはら》市、桜井市、御所《ごせ》市、香芝市、葛城《かつらぎ》市、三郷《さんごう》町、斑鳩《いかるが》町、安堵《あんど》町、川西町、三宅町、田原本町、上牧《かんまき》町、王寺町、広陵町、河合町、明日香村）という多くの市町村がある（口絵・図1）。

一方で、奈良盆地は奈良県内を中心に「大和平野」とよばれることもある。たとえば、近畿農政局が主導した「国営大和平野総合農地防災事業」（一九九三〜二〇〇七年）や「吉野川分水大和平野土地改良区」など国の公的な名称で使われる例も見られる。

歴史時代における奈良盆地の特徴

奈良盆地には、石器時代には大和湖（奈良湖）（口絵・図2）とよばれる大きな湖があったとされる。大和湖の湖面は、石器時代の遺跡の分布から、約二五〇〇年前には、現在の標高五〇メートルあたりにあったとされる。さらに古墳の分布により、一八〇〇年ほど前の弥生時代から古墳時代にかけて、大和湖の水位は現在の標高五〇メートルまで下がった。大和湖は、大和湖から流れ出す大和川の狭窄部「亀ノ瀬」（大阪府柏原市峠地区）付近が地すべりによりダム化したために形成されていたと考えられている。なお、一九三一年から翌年にかけて発生した亀ノ瀬の大規模地すべりでは、当時は大和川の北側を通っていた関西本線の亀ノ瀬トンネルが使用不能になったり、河床が約九メートル上昇したために大和川上流の王寺町の一部が浸水したりした。

生駒山地を隔てて西側にある大阪平野は、縄文時代（約七〇〇〇〜六〇〇〇年前）は上町台地のみが北に突き出した半島であり、その他の大阪平野は湾（河内湾）となっていた（口絵・図2）。その後、淀川の三角州が上流側から南に広がり、約三〇〇〇〜二〇〇〇年前には上町台地の東側は河内潟になり、汽水化した。さらに、河内潟に北東から淀川の堆積物が、東から大和川の堆積物が流れ込むことにより、弥生時代の約一八〇〇～一六〇〇年前には河内湖という淡水湖と湿地が広がっていたとされる。つまり、奈良盆地の大和湖から亀ノ瀬の急流を下ったすぐ先には、縄文時代から弥生時代にかけてずっと湾・潟・湖という水面があり、奈良盆地は船で瀬戸内海から入れる位置にあった。『日本書紀』によると、六〇八年に隋からの使節である裴世清《はいせいせい》ら一行は、小野妹子らの遣隋使への答礼として皇帝の命を伝えるため、難波津から大和川を遡り、三輪山麓の海石榴市《つばいち》（現在の桜井市金屋）まで航行し、その後陸路で飛鳥宮に到着した。なお、難波から飛鳥に向かう途中にある前述の亀ノ瀬は、万葉集では滝と詠まれるほど急流であった。裴世清ら一行も亀ノ瀬でいったん船を降りて上陸し、大和に入って再び船に乗り込んだとされる。

このように、弥生時代には、ほとんど平地がなかった大阪に比べ、奈良盆地は大和湖が残っていたものの、広い平地ができていた。湖跡の広い平地は、弥生時代にもたらされた稲作が発達するには適当な場所であり、蓄積された富を基として支配者構造ができ、その結果として文化が発達したと考えられる。こうして奈良盆地は、奈良時代まで日本の政治経済の中心となった。しかし、奈良時代後半になると、寺社による政治への口出しが多くなったことに加え、平城京が大きな河川から離れているために陸路を使わないと物資を運べないという立地や、人口増加による下水の問題などが災いし、淀川の恵みが多い長岡京への遷都が行われた。

本書のテーマ

本書では、奈良盆地で見られる特徴について説明していく。

奈良盆地は、地殻変動による隆起で盆地の四方が高まったことにより形成された。暑さも寒さも厳しいという気候は他の盆地と変わらず、稲作と近郊農業が盛んである。また、大阪・京都に近く、鉄道が発達しているためにベッドタウン化が進み、人口が増加してきた。しかし、ニュータウンでは高齢化が進んでいるため、買い物に不自由する人も多くなってきたという問題点を抱えている。

本書では、こうした奈良盆地の自然環境と人文・社会環境の現在について地理学的な見方をもとに記していく。

第1章
盆地の成り立ちと地震災害

池田《いけだ》　安隆《やすたか》

一　はじめに

神奈川県に生まれ育ち一昨年まで東京の大学で学生・教員生活を送ってきた私にとって、奈良盆地の歴史遺産や古い町並みと、そこで千年以上にわたって受け継がれてきた人びとの営みとは、どれをとっても好奇心をかき立てられるものばかりである。南関東は、大正関東地震（一九二三年）によって壊滅的な被害を受け、一瞬にして瓦礫の山と焼け野原となった。その二〇年後には再び、米軍による大量のナパーム弾投下によって、東京都心部は一夜にして一面の焦土と化し、一〇万人の命が奪われた。これらの天災・戦災によって、南関東からは古い寺社や町並みがほとんど失われてしまっているのである。

後述のように、奈良盆地はその東縁を奈良盆地東縁断層帯という活断層で境されている。また、盆地の西にそびえる生駒《いこま》山地の西麓には生駒断層帯が存在している。四国には中央構造線という長大な活断層があるが、その東端は五條市まで達し、そこから北に方向を転じて金剛山地の東麓に沿って奈良盆地西縁へと延びている。奈良盆地の周辺にあるこれらの活断層は、数千年から一万年に一度ぐらいの頻度で繰り返し活動してきた証拠があり、断層活動に伴ってマグニチュード七級の地震を起こしたと考えられている。中央構造線東端部と生駒断層帯から発生した最新の地震は、それぞれ七〜九世紀と五〜十世紀である。奈良盆地東縁断層は歴史時代に動いた証拠がない。奈良の歴史遺産がこれほどまでに保存されてきたことは、幸運というほかはない。百年・千年先の将来を見通して来るべき地震に備えることは、現代に生きるわれわれの義務といえるだろう。

奈良に限らず日本列島は、地震をはじめとして津波、火山噴火、洪水等々の自然災害のリスクが高い地域である。われわれはなぜこんなに危険なところに住んでいるのだろうか？　広く世界に目を転じて、人口密度の分布を見ると面白いことに気がつく。日本を含むモンスーン・アジアとよばれる地域は、地震、津波、火山噴火、洪水等のいわゆる地質ハザードだけでなく、高温多湿の気候に起因するバイオ・ハザード（病原菌や寄生虫など）に満ちている。しかしそこには世界の人口の過半数が集中しているのである。その理由は、災害の原因となりうるこうした自然のプロセスが、一方では高い農業生産性を長期間にわたって持続することを可能にするからである。

人類は自然災害のリスクと農業生産性とを秤《はかり》にかけて二通りの選択をしてきたようである。われわれモンスーン・アジアの人びとは、多くの人口を持続的に養いうる豊かな土地に、リスクを冒して住むことを選択した。一方では、安全な土地でリスクを避けて、その代わり希薄な人口密度で暮らすことを選択した人びともいる。自然災害の危険は避ければよい、危険な場所からは逃げればよい、とは単純に言えないのである。

本章では、奈良を含む近畿・東海地方で過去数百万年間に起こった地殻変動と、その結果形成された特有な地形・地質のあらましを紹介したいと思う。こうした知識が、自然災害のリスクと共存し、貴重な文化遺産や人間の営みを如何にして継承していくかを考える一助になれば幸いである。

二　琵琶湖は山だった

図1は、琵琶湖の地下を反射法地震探査という方法で可視化した断面図である。反射法地震探査とは、われわれの内臓を映し出すのに用いる超音波エコー診断装置と同じ原理で、地下深くにある地層や岩石を映し出す技術である。反射法地震探査で使用する信号源は超音波ではなくて、それよりずっと低周波側（数ヘルツ〜数百ヘルツ）に大きなエネルギーを有するエアガンやウォーターガンとよばれる大がかりな発震器である。湖面から発震した地震波（＝音波）は、湖底を貫いて地下深くまで伝播して行くが、途中に音響インピーダンス（音速と密度の積）が不連続になる境界面（地層境界など）があると、そこで反射して再び湖面まで戻ってくる。このような反射波が何秒後に戻ってくるかを観測すると、地下のどの深さに地層境界があるかがわかる。船に発震器と受信機を積んで、湖上を走りながらこのような観測を続けると、図1に示すような地下の断面図が描けるのである。

図1の縦のスケールは反射波が戻ってくるまでの時間で、往復走時とよぶ。われわれが知りたいのは往復走時ではなくて反射面までの深さであるが、深さを決めるためには地層中を伝播する地震波の速度を

知らなければならない。しかし、地下の地層や岩石の地震波伝播速度は（いろいろな仮定の下で推定する手段はあるが）一般には未知量なので、とりあえず深度の代わりに往復走時を使う。海底や湖底に堆積する新しい地層の場合、地震波速度がおおよそ毎秒二キロメートルと仮定すると、往復走時一秒が深度一キロメートルに対応する。

図1を見ると、ほぼ水平な反射面が湖底から往復走時約一秒（深さにして約一キロメートル）まで無数に存在するので、少なくとも一キロメートルの厚さの堆積物が琵琶湖を埋めていることがわかる。この堆積物は古琵琶湖層群（最上部は琵琶湖累層）とよばれ、約四〇〇万年前から堆積し始めた河川や湖の地層である。これは予想されたことで驚くには値しないが、問題は堆積物（古琵琶湖層群）の下に埋もれた地形である。水平に成層した古琵琶湖層群の下には、明瞭な反射面がない一見無秩序なパターンを示す岩体が存在する。琵琶湖の周囲の山に登れば、花崗岩や固結した砂岩・頁岩・チャート（水晶と同じ成分から成る生物起源の岩石）等の岩石が地表に露出し

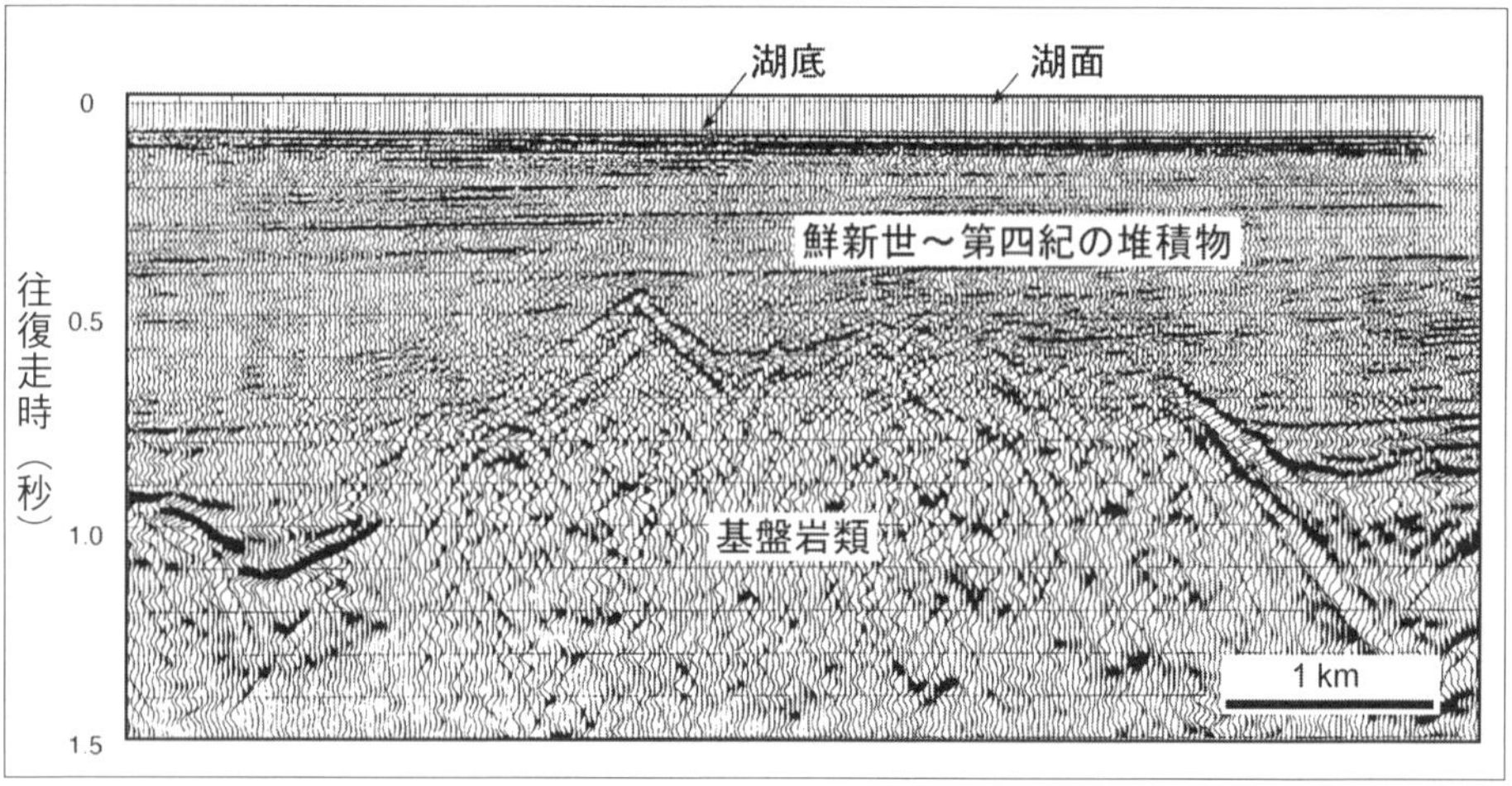

図1　琵琶湖を横切る反射法地震探査記録（Ikawa 1991 に加筆）　縦のスケールは往復走時（1 秒が約1000m の深度に相当する）。大きな起伏を有する基盤岩の上面を覆って、鮮新世〜第四紀の堆積層が水平に堆積している。この地域がかつてかなりの起伏を有する山地であったことを物語っている

ているのを見ることができる。古琵琶湖層群の下に埋もれた岩石もこのような基盤岩類と推定される。古琵琶湖層群と基盤岩類との境界は凹凸が激しく極めて起伏に富んでおり、谷底と山頂との標高差は五〇〇メートル以上（最大約一〇〇〇メートル）に及ぶ。尾根筋と周囲の谷底との高度差が一〇〇〇メートルにも及ぶところは、相当な起伏の山地である。琵琶湖の湖底堆積物に埋もれた地形は、飛騨山脈や赤石山脈には及ばないにしても、丹波高原や中国山地よりもはるかに起伏の大きい峨々たる山地だったといえるだろう。

一九八二～一九八三年に琵琶湖の湖底堆積物の最深部を狙ったボーリングが実施された（竹村・横山一九八九）。その結果によると、堆積層は、その基底が湖面から九七九メートルの深さにあり、最下部約一〇〇メートルが谷底を埋める粗粒の礫《れき》層（時代未詳）、その上に約五五〇メートルの厚さの礫・砂・粘土から成る河川の堆積物があり、最上部二五〇メートルが主に粘土から成る湖の堆積物であることがわかった。これは驚くべきことである。何が驚きかというと、これらの堆積物はすべて陸上にたまったものだから、堆積したときの高さは当時の海面より高かったはずであるにもかかわらず、現在ではすべてが海面下の深さにあるのである（最深部の標高はなんと海面下一〇〇〇メートルである！）。これは一体何を意味するのだろうか？

過去数百万年間は氷河時代であり、北半球の高緯度地域に大量の氷（大陸氷床とよばれる）が蓄積したり、それが融けてなくなったりする変動が、数万年から一〇万年周期で繰り返し起こってきた。大陸氷床の蓄積・消耗に伴って海面の高さも変動した（これを「氷河性海面変動」とよぶ。現在は高海面期）。しかし、氷河性海面変動の振幅はたかだか百数十メートルに過ぎないので、前述の現象をこれで説明することはできない。

答えを明かせば、古琵琶湖層群が堆積し始めた時代から現在までこの地域は沈降し続け、そこに河川や湖の地層が少しずつ（しかし沈降量に見合う分だけ）堆積し続けてきたということである。沈降運動の総量は、少なく見積もって一〇〇〇メートル（多分一五〇〇メートルぐらい）にも及ぶ。この地域にはかつて大きな起伏を有する山地が存在していたという予想をすでに述べたが、この山地は四〇〇万年前頃から沈降を始めたと考えられる。沈降運動に伴って、はじめは深い谷の底を埋めて、河川や山地斜面からもたらされた粗粒の礫層が堆積した。谷の埋積が進むと次第に広い谷底平野が形成され、そこに砂や粘土など細粒の物質も堆積した。さらに沈降と堆積が続くと、沈降の中心部には湖が出現し、そこに厚い粘土が堆積したと考えられる。

大阪湾を含む近畿地方と、伊勢湾を含む東海地方には、古琵琶湖層群とほぼ同時代から堆積し始めた地層が広く分布している（図2）。このうち大阪周辺に分布するものは大阪層群とよばれ、長年にわたって最も詳細に研究されてきた（たとえば、市原ほか 一九九一）。ここでは、近畿・東海地方に広く分布するこれらの地層を一括して、大阪層群相当層とよぶことにする。大阪層群相当層は一般に、最下部が河成の粗粒堆積物から成り、その上に河成・湖沼成・浅海成の比較的細粒の堆積物が重なるという、ほぼ共通した性質が認められる。大阪層群相当層の堆積開始年代は、大阪盆地で約三〇〇万年前、琵琶湖とその周辺で三〇〇〜四〇〇万年前、東海地域で四〇〇〜五〇〇万年前と推定されている（たとえば、市原 一九九三）。現在、大阪層群相当層の分布は、養老、鈴鹿、金剛、生駒などの小規模な山脈によって、細かく分断されている（図2）。しかし後述するように、これらの小規模山脈は、その多くが断層運動によって最近一〇〇万年足らずの間に隆起してできたものである。それ以前の時代、一〇〇〜五〇〇万年前には、大阪湾から伊勢湾に至る差し渡し二〇〇キロメートルを超える広い領域がほぼ一続きの広大な沈降盆地を成し、そこを埋め立てて河川~湖沼~浅海の地層が厚く堆積したと考えられる。

近畿・東海地域の広域的な沈降運動がなぜ生じたかは、今のところ定説がなく謎である。しかし、その原因を示唆する事実として、この地域で負の重力異常があるという点を指摘しておく必要がある（池田 一九九二）。地球上で重力の大きさを精密に測ると、場所によってごくわずかな違いが観測される。これを重力異常とよぶ。大陸や（日本列島のような）島弧の表層には、地殻とよばれる軽い（密度の小さい）岩石の層が三〇~四〇キロメートルの厚さで存在し、その下にマントルとよばれる重い（密度の大きい）岩石の層が広がっている。海水

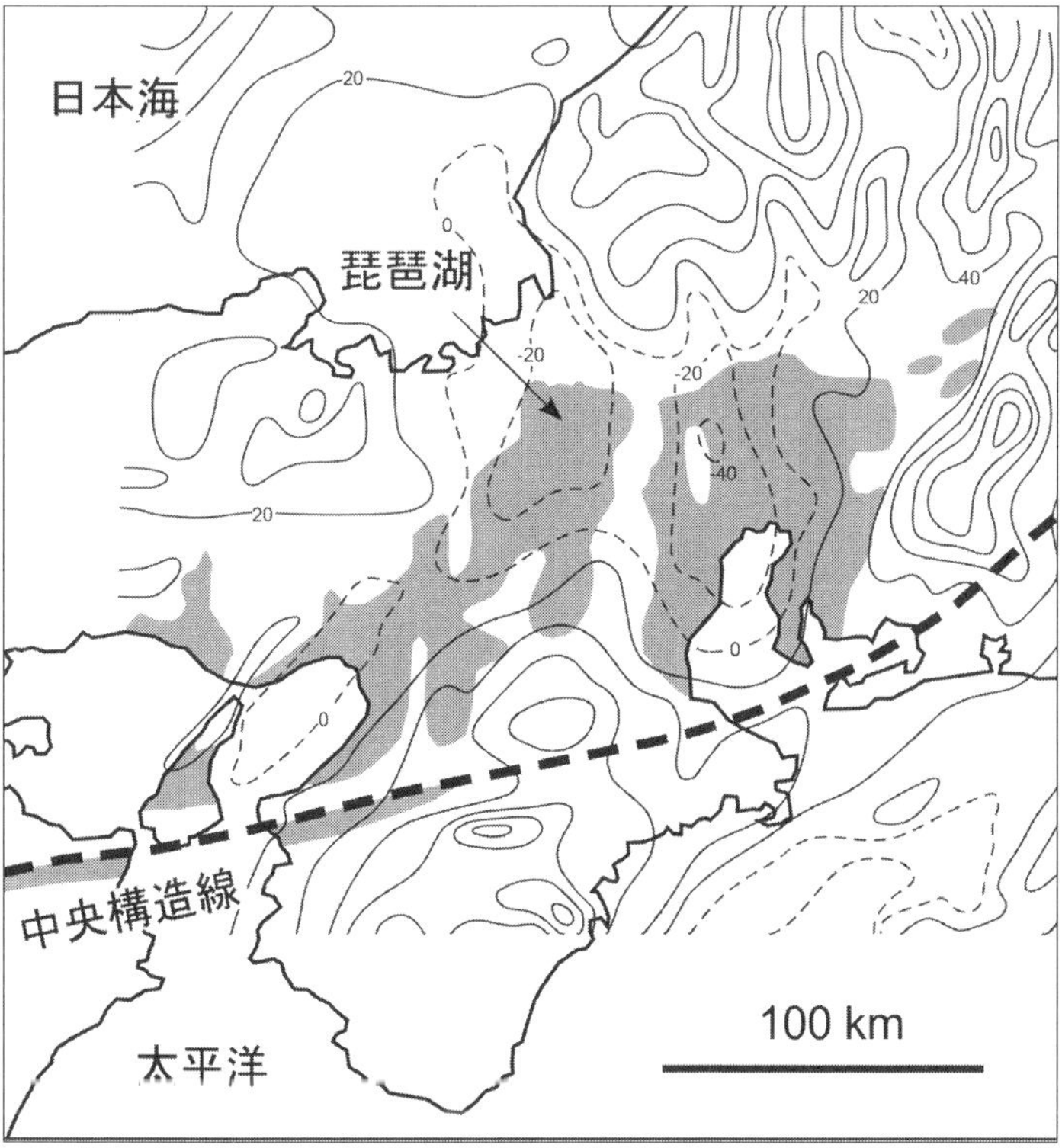

図2 大阪層群（およびそれと同時代の地層）の分布とフリーエア重力異常（市原ほか 1990；友田 1973） 影を施した部分は大阪層群およびそれと同時代の地層群（東海層群、古琵琶湖層群など）が分布する範囲。細実線はフリーエア重力異常が正の領域の等重力線を、細破線は負の領域の等重力線を示す。等値線間隔は20ミリガル

に浮かんだ氷山のように、通常地殻はマントルに浮かんで浮力による釣り合いを保っている。このような釣り合いをアイソスタシーとよぶ。アイソスタシーが正しく成り立っていると、地表で測定した重力異常（正確にはフリーエア異常とよぶ）の値はゼロになる。フリーエア異常は細かい起伏があると撹乱を受けるが、それを均して長波長成分を見ると、アイソスタシーが成り立っているかどうかを判断することができる。図2には、大阪層群相当層の分布に重ねて、長波長のフリーエア異常を示してある。この図を見ると、フリーエア異常が負の領域と大阪層群の分布域とが、驚くほど一致していることに気づくだろう。

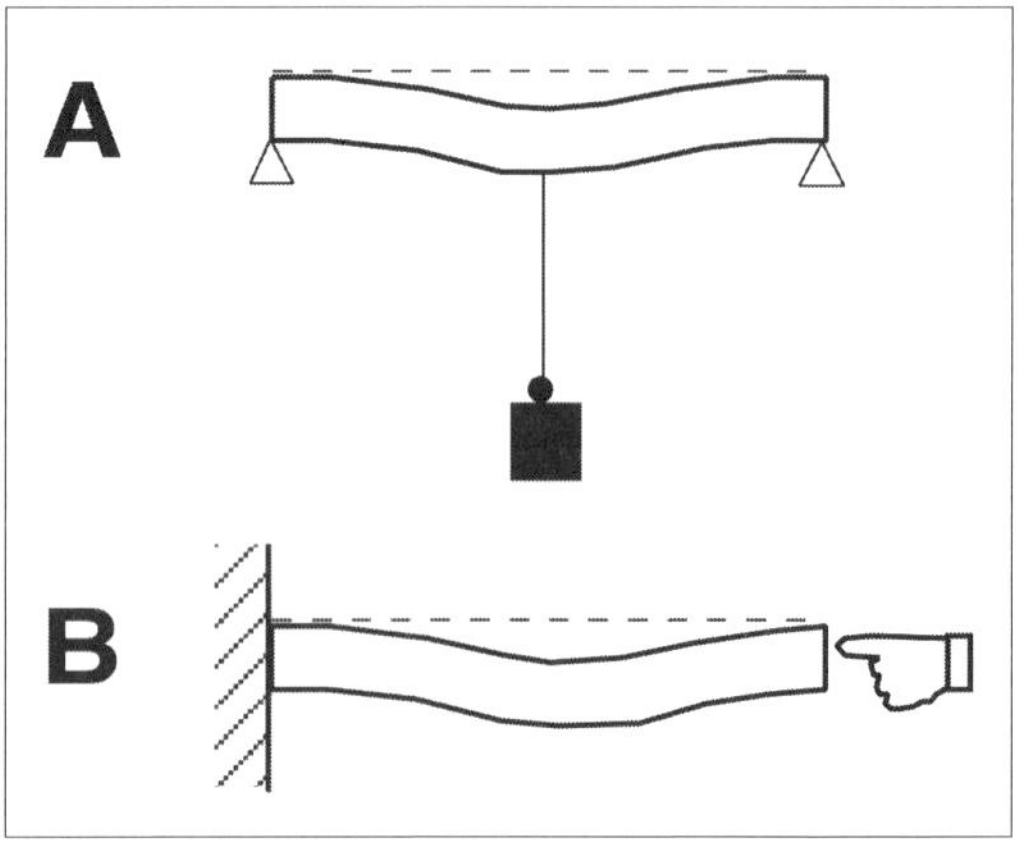

図3　負のアイソスタシ－異常を伴う近畿三角帯～東海地域の広域的な沈降を説明する２つのモデル（池田 1992）（A）下方からの引っ張りによるプレートの撓み、（B）水平圧縮力によるプレートの下方への座屈

フリーエア異常が負であるということは、この地域が浮力による釣り合いに逆らって強制的に下方に押し込められているということを意味する。少々わかりにくいと思うので、水に浮かべたエアマットを想像してみよう。エアマットは地殻、水はマントルである（図3）。外力を全く加えないと、エアマットは水平に浮かんで釣り合う。この状態でフリーエア異常は完全にゼロとなる。近畿・東海地域のように、地殻（＝エアマット）を下方に撓《たわ》ませて広域的な沈降を起こすには、図3Aのように下方から引っ張るか、図3Bのように水平圧縮力を加えて座屈変形を起こすかの二通りの方法がある。どちらの場合でも、沈降部では負のフリーエア異常が観測されるはずである。後者の座屈変形を起こすには、極めて大きな圧縮力を必

要とするので、現実的ではないというのが世間一般の常識である。とすれば前者の可能性が高いということになる。しかし、近畿・東海地域を下方に引っ張る原動力はマントル中の密度分布の不均一であることは確かだが、それが具体的に何であるのかについて、研究者の間でのコンセンサスはまだない。

三　「六甲変動」——活断層の発現と盆地の細分化

その原因が何であるかは不明であるが、近畿・東海地域を覆う極めて広大な（ほとんど一続きの）堆積盆地がかつて（一〇〇万年前頃まで）存在していた可能性が高いと私は考えている。現在、この広大な盆地を分断しているのは、養老、鈴鹿、金剛、生駒など、南北方向の活断層によって隆起してできた小規模な山脈である（口絵・図3）。これら小規模山脈の表面には大部分基盤岩が露出し、大阪層群相当層に覆われているところはあまりない。しかし、阪神大震災以後に活断層や堆積平野の深部構造を調べるために地震探査が各地で実施されたことによって、大阪層群相当層の地下構造が具体的にわかってきた。その結果、後述の例で示すように、養老、鈴鹿、金剛、生駒などの小山脈を覆って、かつては大阪層群相当層が広く分布していたのではないかと考えられるようになった。つまり、近畿・東海地域では、四〇〇～五〇〇万年前から広域的な沈降運動が始まり、基本的には現在まで継続してきたのだが、約一〇〇万年前から南北方向の活断層が動き始めて小規模山脈群を隆起させ、その結果、近畿・東海巨大堆積盆地を細かく分断した、という筋書きである。

藤田和夫（一九六八）は、近畿地方や中部山岳地域における活断層の発現時期が極めて新しく、第四紀中期（約一〇〇万年前）までしか遡れないことに早くから注目し、これを「六甲変動」とよんだ。また同じ頃、第四紀地殻変動研究グループ（一九六八）によって、日本列島の第四紀における垂直変動量に関するデータが編集されたが、そこで得られた重要な結論の一つは、日本列島の起伏の大部分が第四紀（過去約二〇〇万年間）に生じたとする考えであった。これらの研究に代表されるように、日本列島においては第四紀になってから断層活動や隆起・沈降運動が突然活発になったと考えられていたし、今でもなおそう信じている研究者は少なくない。当時はまだ、数百万年より若い地層や岩石の年代測定データが十分なかったために、この問題を十分実証するには至っていなかった。しかし近年、年代測定や構造探査データが蓄積されるにつれて、この問題を再検討することが可能になってきた。

東北日本において活断層が動き始めた時代は、かつての予測よりは古く、鮮新世初期（約五〇〇万年前）まで遡ることがわかってきた。東北日本と西南日本とを境するのは、糸魚川－静岡構造線とよばれる大断層である。この断層が現在と同じような動きを始めたのもほぼ同時期であることがわかった。一方、糸魚川－静岡構造線より西の中部日本や近畿・東海地域では、藤田（一九六八）の予測のとおり、活断層の発現時期が極めて新しく、第四紀中期（約一〇〇万年前）であることが明らかになりつつある。奇妙なことに、活断層の発現に先立って近畿・東海地域では、鮮新世はじめ頃（四〇〇～五〇〇万年前）から広域的な沈降が始まったこともわかってきたが、これについてはすでに説明したとおりである。近畿・東海地域が一体となった広域的な沈降運動が始まった時代と、東北日本において地殻変動が活発化した時代とがほぼ一致するのは、単なる偶然ではなくて何か共通の原因によるのではないかと思わせる。

次に、近畿・東海地域における活断層の発現時期をどうやって推定したか、例を挙げて説明しよう。図

4は、大阪平野－生駒山地－奈良盆地北部に至るほぼ東西方向の測線に沿う地下構造断面図である。まずこの図がどんなデータに基づいて描かれたかを説明しよう。断面図を書く際に、データがないところは多くの類例や想像で補わなければならず、これは地質学者の腕の見せ所でもある。しかし、想像で描いた断面図に基づいてさらに推論を積み重ねてはいけない。だから、このような断面図を見る際には、確かなデータに基づくのはどの部分で、推定で描かれた部分はどこかということを注意深く判別する必要がある。とはいっても、それを丹念に評価することは、訓練された地質学者でも簡単なことではない。ましてや専門外の人にとっては絶望的な世界であるといえるが、できる限りわかりやすくエッセンスだけを以下に述べたいと思う。

図4の凡例には、地層の区分が示されている。地層は下から上に順々に堆積するから、上にのった地層が新しく、下の地層が古いという基本原則がある。順々に堆積した地層の中には、空から降ってきた火山灰が

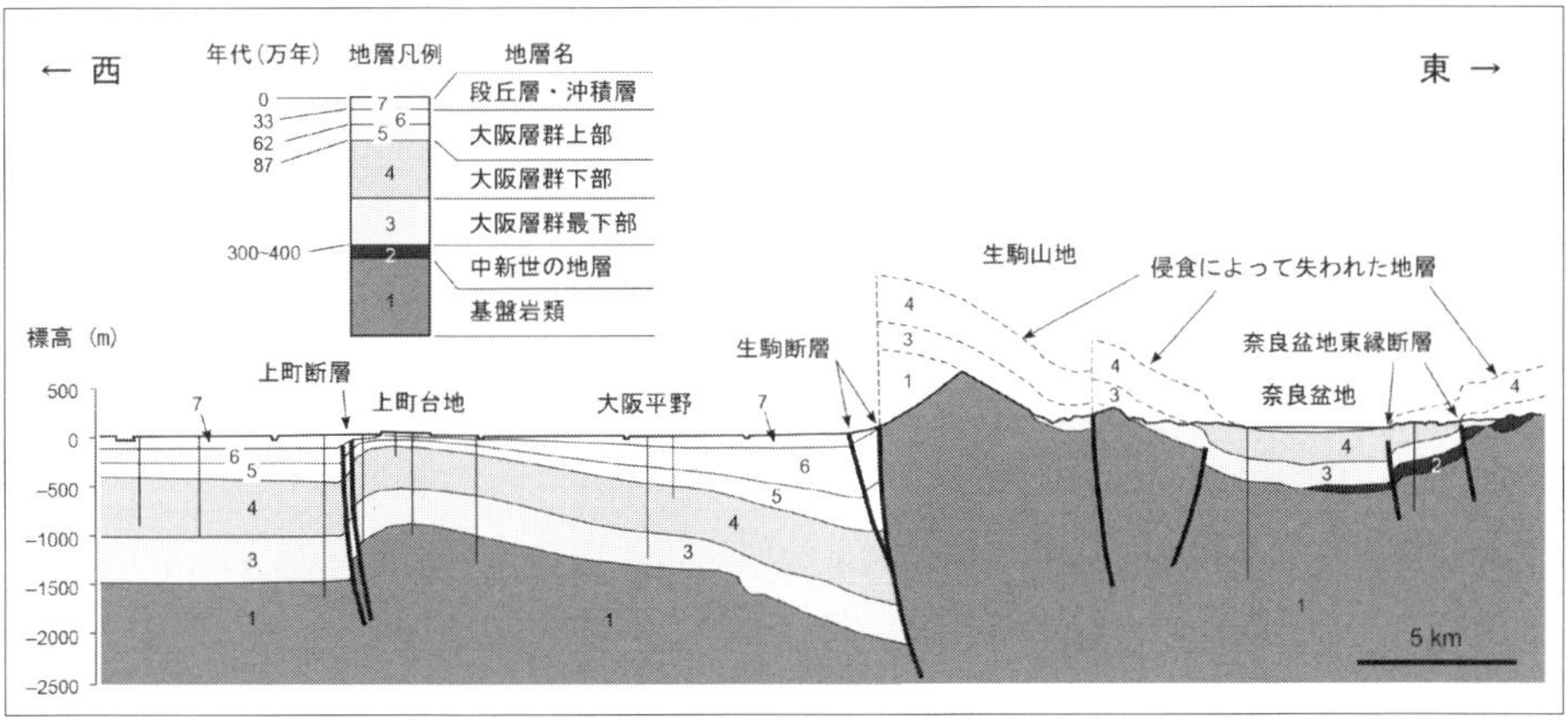

図4　大阪平野－生駒山地－奈良盆地北部を東西に横切る地下構造断面図　断面の位置を口絵・図3に示す。市原（1991；2001）、西岡ほか（2001）、京都大学防災研究所（2013）による地表地質、ボーリング、および反射法地震探査のデータを編集して作成した。地層境界の年代はIto et al.（2000）による。断面図中の太実線は断層を、垂直の細実線はボーリングの位置と到達深度範囲を示す。生駒山地や奈良盆地東方にかつて存在していたが侵食によって失われたと推定される地層を細破線で示す。地層凡例中の番号は、断面図中の地層番号と対応する。断面図は垂直方向に3倍誇張してある

層を成して挟まっている場合がある。こうした火山灰層は広い地域に同時に堆積するので、地層を時代によって区分するのに役立つ。大阪層群が堆積した時代は、グローバルな海水準の変化が約一〇万年周期で繰り返し起こっているので、大阪層群の上部には海進期に浅海で堆積した特徴的な粘土層が何層もある。火山灰層とこうした海成粘土層とを用いて、大阪層群の地層区分はかなり正確に行われている。また、堆積した環境が激変するところで地層を区分することもあるが、このようにして決めた地層境界は、その年代がどこでも同じであるという保証はないので、注意を要する。図4に示す断面の場合、第四層と第五層との境界、第五層と第六層との境界、第六層と第七層との境界は、火山灰や海進期の粘土層に基づく境界であり、信頼性が高いといえる。

図4の断面図には、ボーリングが行われた位置とその到達深度が示してある。ボーリングによって実際に地層の試料を採取できた地点の近傍では、一般に精度と信頼度が高いといえる。また、地層境界は地震探査によってリモート・センシング的に決定することもできる（地震探査データの例は図1参照）。ただし、注意しなければいけないことは、反射法地震探査で観測される反射面が、ボーリングや地表地質調査で決めた地層境界のどれに対応するかは、必ずしも明確でないということである。地震探査側線の近傍にボーリングデータがあれば、このような対比が精度良くできる。図4は市原実（一九九一）による地質断面図を基に、その後に蓄積されたデータを用いて修正を施してある。特に改善されたのは、生駒断層の西側の地下構造である。この部分の構造は、京都大学防災研究所（二〇一三）による反射法地震探査のデータにより、従来の推定とはかなり違った構造となっている（後述）。この図からわかる重要な事項は以下のとおりである。

大阪湾岸から大和高原に至る領域の中には、いくつかの活断層が存在し、それによって地層が断ち切られたり褶曲《しゅうきょく》したりしている。たとえば大阪平野の西部にある上町断層は、上町台地の西縁に沿って南北に延びる活断層であり、一〇〜二〇メートルの緩やかな崖をなしている。この崖は、上町断層が動いて地震を起こすたびに少しずつ成長してきたと考えられる。一般に断層は、普段は固着していて動かないが、間欠的にすべって地震を起こす。大阪平野では砂や泥の堆積が活溌なので、断層が動いて崖ができても速やかに埋め立てられてしまう。その結果、断層の沈降側（大阪湾断層の場合は西側）には、隆起側よりも厚い地層が堆積する。こうした作用が繰り返し起こると、断層を境に大きな地層の高度差が生じる。食い違いの量は、堆積速度が十分に速ければ、古い地層ほど大きくなるはずである。藤田・笠間（一九八二）は、上町断層の西側、港区田中元町で掘削されたボーリングのデータと上町台地に露出する地層とを対比して、新旧の地層の食い違い量を比較した。その結果は、先に紹介した藤田（一九六八）の六甲変動仮説を見事に裏付けるものであった。図4からわかるように、第五層から七層までの堆積層は、断層を挟んで厚さが大きく変化している。しかし、その下位の第四層と三層には有意な厚さの変化が認められない。藤田・笠間（一九八二）は、断層両側で地層の厚さが変化し始める年代を約八〇万年前と見積もり、この頃から上町断層の活動が始まったと推定した。この断層による垂直方向の食い違い量は最大約四〇〇メートルである。

生駒山地の西縁には大規模な断層（生駒断層）が存在する。この断層の西側では最大二〇〇〇メートルに達する厚い地層が堆積している。この厚さは大阪平野下に存在する同時代の堆積物の厚さ（約一五〇〇メートル）を越えている。また、生駒断層の西側では、基盤岩の上面とそれを覆う大阪層群とが東に向かって傾いている。このような構造は、大規模な逆断層の活動に伴って生じる典型的な地殻変形であり、世界のいろいろな変動帯からその事例が報告されている。生駒断層の活動に伴うこの大構造が発見されたのは、地震防災を目的として最近実施された反射法地震探査（京都大学防災研究所 二〇一三）のおかげである。上町台地から生駒断層までの間では、平野下の堆積物の上部（第七層から五層）は断層に向かって厚くなる楔《くさび》状の断面形になっているが、それより下位の第四層と三層はほぼ一定の厚さで傾き下っている。これは、生駒断層の活動に伴って生じる傾動運動が第四層堆積以後に始まったことを示している。したがって第四層上面の年代約九〇万年前が、生駒断層の活動開始年代となる。この年代は上町断層の活動開始年代に近く、藤田和夫（一九六八）の六甲変動仮説をさらに裏付ける結果となった。

生駒断層による垂直方向の食い違い量は極めて大きく、断層西側の傾動領域に堆積した第七〜五層の厚さの変化に基づき、最小に見積もっても一〇〇〇メートルに達する（図４）。断層東側における隆起量を加えれば、食い違いの総量はさらに大きくなるはずだ。第四層と三層は、ほぼ同じ厚さで大阪平野の地下に広がり、奈良盆地の地下でも（やや薄くはなるが）ほぼ一様な厚さで横たわっている。また、奈良盆地西縁に露出する同層には、西向きに流れる河川によって運搬されたことを示す証拠が認められる（Yokoyama 一九六九、横山・中川 一九七三、尾崎ほか 一九七三）。したがって、生駒断層や上町断層が動き出す八〇〜九〇万年前までは、生駒山地も上町台地も存在せず、現在の奈良盆地から大阪湾まで、西流する河川によって形成された一続きの平野が広がっていたと推定される。当時、生駒山脈を覆って堆積していたはずの大阪層群下部〜最下部層は、生駒断層の活動に伴い生駒山脈が隆起すると、浸食されてしまったと考えられる。図４には浸食により失われた部分の断面形を復元して示してある。この復元結果に基づけば、生駒断層による垂直方向の食い違いの総量は二六〇〇～二八〇〇メートルとなる。

地球科学の分野では、断層の活動度を平均すべり速度という量で比較する。生駒断層を例にあげれば、断層面を境に両側での地層（第四層上面）の食い違い総量は二六〇〇～二八〇〇メートルである。これが八〇～九〇万年間で起こったのだから、平均すると一年あたり約三ミリメートルの速度でずれが生じたことになる。この値は断層ずれ速度の垂直成分だけなので、断層面が傾斜していることを考慮すればもっと大きい値になる。日本列島には無数の活断層があるが、その中で平均すべり速度が一ミリメートル／年を越える断層は、数えるほどしかない。近畿・東海地方で例を挙げれば、中央構造線（口絵・図3の断層5）、有馬・高槻構造線（断層1）、養老－桑名－四日市断層（断層10と11）、琵琶湖西岸断層帯（断層13）がこれにあたる。生駒断層に比べれば、前述の上町断層や次に述べる奈良盆地を取り巻く断層群の活動度（＝平均すべり速度）は一桁低いのである。

奈良盆地の東西両縁にも活断層が発達している（口絵・図3及び本章図4）。このうち東側に位置する奈良盆地東縁断層帯は平行する三～四條の断層群からなる。天理市で行われた反射法地震探査の結果、奈良盆地東縁断層帯を構成する個々の断層によって、大阪層群の最下部～下部層が盆地中心部に向かって約一〇〇メートルずつ階段状に落ち込んでいることがわかった（奥村ほか 一九九七）。同時に実施されたボーリング調査によって、奈良盆地東縁断層帯の活動開始時期がおよそ一〇〇万年前であること、および平均すべり速度が約〇・三ミリメートル／年であることがわかった（奥村ほか 一九九七）。この値は生駒断層のすべり速度の一〇分の一である。

以上紹介した例のほかにも、藤田和夫（一九六八）の「六甲変動仮説」を裏付ける証拠がいくつも出てきた。

その多くは、一九九五年の阪神淡路大震災を契機に始まった、活断層と都市部の地盤に関する総合調査の結果である。代表的な例をあと二つだけ紹介しよう。大阪湾の底には厚さが最大三〇〇〇メートルに達する厚い地層が堆積している。この地層は、図4に示す第三~七層に連続する地層である。最も厚いところは淡路島の東方沖にあり、そこでは数列の平行する断層によって堆積層が階段状に落ち込んでいる。これらの断層のうちで最も活動的で連続性が良いのが大阪湾断層である。阪神淡路大震災の直後にこの断層を横切る反射法地震探査がいくつかの機関によって実施された（たとえば、横倉ほか 一九九八）。この断層を横切るいくつもの反射法地震探査記録に共通して認められることは、断層を境に厚さの急変が認められるのは大阪層群の上部（時代にして約一〇〇万年前）のみであり、それより下部の地層は断層の両側で厚さがあまり変わらないということである。これは、大阪湾断層の活動が始まったのがおおよそ一〇〇万年前であり、それ以前の活動はもしあったとしても微弱であったということを示している。もう一つの例は、鈴鹿東縁断層帯（口絵・図3の断層9）である。鈴鹿山地の東麓には大阪層群に相当する地層（東海層群とよばれる）が分布し、これが褶曲と断層で変形を受けている。反射法地震探査の結果、この変形帯を挟んで厚さの急変が認められるのは東海層群のうち最上部（一〇〇万年前以降）のみであり、下位の地層は一定の厚さで鈴鹿山地に向かって急傾斜ではいのぼる構造をしていることがわかった（石山ほか 一九九九）。これは、褶曲・断層帯の活動とそれに伴う鈴鹿山脈の隆起が約一〇〇万年前から始まったことを示している。東海層群はさらに西側に位置する養老山地の西斜面を急傾斜ではいのぼるように分布している。生駒山地の例で紹介したように、鈴鹿山地や養老山地もかつては広く堆積物で覆われ、近畿・東海巨大堆積盆地の一部を成していたものと想像される。

四　活断層と地震災害

岩石は大きな力が加わるといくつかの割れ目が生じて破壊する。地殻を構成する厚さ数十キロメートルの岩石中にできた大規模な破壊面を断層とよぶ。日本列島はおおよそ二億年の歴史がある造山帯である。その間にさまざまな力を受けて日本列島の地殻は変形と破壊を受けてきた。そのために、日本列島の地殻の中には多数の断層がある。その多くはすでに活動を停止し固着した古傷だが、中には近い将来に活動する可能性がある「活きた」断層もある。このような断層を「活断層」と呼んで、他にあまた存在する古い断層と区別する。しかし、将来のこと、特に破壊という極めてカオティックな現象を物理モデルで予測することは困難なので、活断層であるか否かの判断は歴史から学ぶことになる。断層は、それがいったん形成されると地殻の中の弱面になるから、外力が加わると繰り返し破壊する傾向がある。そこで、ある断層が活きているか否かを判断するためには、その断層の活動履歴を調べる。過去数万~数十万年間に繰り返し活動した証拠がある断層は、近い将来も動く可能性があるので活断層であると判断する。

断層は普段は固着していて動かないが、十分大きな力が加わると急激にすべって周囲の岩石に変形を生じさせ、それに伴って地震動を発生する。発生する地震動のエネルギーは、破壊した断層面の面積とすべり量との積に比例する。すべり量はおおむね断層の長さに比例するので、結果として地震エネルギーはおおよそ断層の長さの三乗（巨大な破壊の場合は二乗に近づく）に比例することになる。この性質を使えば、断層から発生する地震の大きさ（マグニチュード）を大雑把ではあるが予測することが可能である。

奈良盆地東縁断層帯は、その全長三〇キロメートルが一気に破壊すると、マグニチュード七・四ぐらいの地震を起こすと予想されている。この断層帯の活動履歴を調査するために、奥村ほか（一九九七）は奈良市古市町においてトレンチ調査を実施した。トレンチ調査とは断層を横切って細長い溝（トレンチ）を掘り、地表下数メートルの新しい地層の中に地震活動の痕跡を探す調査法である。古市町におけるトレンチ調査はあまり明確な結果をもたらさず、最新の断層活動時期は、約一万年前以後、奈良時代以前という漠然とした結論になった。断層がどのぐらいの時間間隔で活動してきたかということは、次に起こる地震がどれくらい切迫しているかを判断する重要な手がかりになる。トレンチ調査で複数回の地震活動を精度良く復元できれば、活動間隔と次に起こる地震の切迫度を判断することが可能である。しかし現実にはそううまくいくことは稀《まれ》なので、一回の地震でのすべり量と平均すべり速度とを用いて推定する。奈良盆地東縁断層帯の場合、一回の地震ですべる量は、断層帯の長さから約三メートルと推定されている。断層帯の平均すべり速度をすでに紹介したように約〇・三ミリメートル／年とすれば、活動間隔は一万年となる。奥村ほか（一九九七）は、平均すべり速度を〇・六ミリメートル／年と多めに見積もり、活動間隔を五〇〇〇年と算出している。いずれにしても、奈良盆地東縁断層帯は極めて稀にしか動かないといえる。

生駒断層帯から発生する地震はマグニチュード七・〇〜七・五と見積もられている。また、トレンチ調査の結果から、最も近い過去に起こった地震の年代は西暦四〇〇年と一〇〇〇年の間であると推定されている。一回の地震ですべる量は二〜三メートルと見積もられているので、平均すべり速度を三ミリメートル／年として前述の例に倣って地震発生間隔を見積もると七〇〇〜一〇〇〇年となる。これらの値から判断すると、生駒断層から将来発生する地震の切迫度はかなり高いと考えるべきである。

四国には中央構造線という長大な活断層があるが、その東端は五條市まで達し、そこから北に方向を転じて金剛山地の東麓の金剛山地東縁断層へと連なる（口絵・図3の断層4と5）。金剛山地東縁断層から発生する地震の規模はマグニチュード七・九程度、最新の地震の発生時期は二〇〇〇年前～四世紀の間、平均活動間隔は二〇〇〇～一万四〇〇〇年と推定されている。中央構造線東端部から発生する地震の規模はマグニチュード七・六～七・七と見積もられている。また、最新の地震の発生時期は七～九世紀、平均活動間隔は一一〇〇～二三〇〇年と推定されている。地震の規模から見ても、発生頻度から見ても、中央構造線は注意を要する大断層である。

〔引用・参考文献〕

池田安隆「下部地殻の変形とそれに起因する地表変形―近畿三角帯の第四紀テクトニクス試論―」『月刊地球』第一四巻、一九九二年、三四八―三四九頁
池田安隆ほか編『第四紀逆断層アトラス』東京大学出版会、二〇〇二年
石山達也・竹村恵二・岡田篤正「鈴鹿山脈東麓地域の第四紀における変形速度」『地震』第五二巻第二号、一九九九年、二二九―二四〇頁
市原実「大阪とその周辺地域の第四紀地質図―大阪層群を中心に―」『アーバンクボタ』第三〇号、一九九一年
市原実編『大阪層群』創元社、一九九三年
市原実「続・大阪層群―古瀬戸内河湖水系―」『アーバンクボタ』第三九号、二〇〇一年
奥村晃史ほか「奈良盆地東縁断層系の総合調査」『平成八年度活断層研究調査概要報告書　地質調査所研究資料集』第三〇三号、地質調査所、一九九七年、五一―六二頁
尾崎正紀ほか「奈良地域の地質」『地域地質研究報告（五万分の一地質図幅）京都（一一）』第五二号、地質調査所、

二〇〇〇年
活断層研究会『新編日本の活断層』東京大学出版会、一九九一年
京都大学防災研究所「上町断層帯における重点的な調査観測」『平成二二〜二四年度成果報告書』文部科学省研究開発局、二〇一三年
駒澤正夫『日本重力異常グリッドデータ　日本重力データベース DVD版、数値地質図 P-2』産業技術総合研究所地質調査総合センター、二〇一三年
西岡芳晴ほか「桜井地域の地質」『地域地質研究報告（五万分の一地質図幅）京都（一一）』第六四号、地質調査所、二〇〇一年
藤田和夫「六甲変動、その発生前後―西南日本の交差構造と第四紀地殻運動―」『第四紀研究』第七巻第四号、一九六八年、二四八－二六〇頁
藤田和夫・笠間太郎「大阪西北部地域の地質」『地域地質研究報告（五万分の一地質図幅）京都（一一）』第五〇号、地質調査所、一九八二年
横倉隆伸ほか「大阪湾における反射法深部構造探査」『地質調査所月報』第四九巻、一九九八年、五七一－五九〇頁
横山卓雄・中川要之助「関屋地域の大阪層群の層序と古水流方向からみた〝奈良湖〟の水の流出口について」『地質学雑誌』第八〇巻第六号、一九七四年、二七七－二八六頁
Itoh, Y., Takemura, K., Ishiyama, T., Tanaka, Y. and Iwaki, H., "Basin formation at a contractional bend of a large transcurrent fault: Plio-Pleistocene subsidence of the Kobe and northern Osaka Basins, Japan," *Tectonophysics*, vol. 321(3), 2000, pp. 327-341.
Tomoda, Y., *Maps of Free air and Bouguer Gravity Anomalies in and around Japan*, University of Tokyo Press., 1973.
Yokoyama, T., "Tephrochronology and paleogeography of the Plio-Pleistocene in the eastern Setouchi geologic province, Southwest Japan," *Mem. Fac. Sci. Kyoto Univ.*, Vol. 36 (1), 1969, pp. 19-85.

第2章 気候と農業

木村《きむら》 圭司《けいじ》

盆地では、海沿いや平野の気候とはかなり違った特徴的な気候を示す。この盆地の気候の特徴として、風や気温、雨や雪などについて記していく。

一 気候

風

盆地の気候の特徴として、海沿いと比べて風が弱いことが第一に挙げられる。盆地は山に囲まれているために、盆地の外から吹いてくる風が弱められる。一方で、山越えの風が吹くことから、フェーン現象も起こりやすい。一般的なフェーン現象とは、地表付近の風が山にぶつかって越えるときに、空気中の水蒸気が水滴の雲になって熱を出す（やかんの水に熱を加えて水蒸気に変えるのと逆の現象）ために、山の風下側では気温が上がることをいう。

気温

よく「盆地は夏暑く、冬寒い」といわれる。これを詳しく説明すると「晴れた夏の昼間に暑くなり、風が弱く晴れた冬の早朝に冷え込む」となるが、これは盆地が海から離れているためである。水は熱しにくく冷めにくい。このため海の近くでは、温度変化の少ない海の影響を受けて、夏でも気温はそれほど上がらず、冬も気温が下がりにくくなる。たとえば、海に囲まれた沖縄では、夏でもそれほど気温が上がらない。一方、内陸では、海の影響を受けることは少なく、むしろ熱しやすく冷めやすい陸地表面の性質から、夏は気温が上がりやすく、冬は気温が下がりやすいという傾向になる。

風が弱く晴れた冬には放射冷却により、かなり冷え込むことがある。この放射冷却というのは、風が弱く晴天の夜から日の出にかけて、地面の熱が放射として宇宙空間に逃げていき、地表面付近の薄い空気の層だけが熱を奪われて冷たくなる現象である。雲がかかっていると雲に地表面からの放射が反射されてそれほど冷え込まない。また、風が強いと、地表近くの冷たい空気と、やや上空の冷たくない空気が混ぜられてしまうため、気温はそれほど下がらない。さらに、風の弱い冬の夜には、盆地の低い部分に冷たい空気がたまっていく。冷たい空気は暖かい空気より重く、風が弱いので重力によって流れていく。この冷たい空気の流れのことを冷気流という。そして、盆地には冷たい空気が湖のようにたまった状態になるために冷気湖とよばれる。

降水

盆地では、周囲の平野に比べて降水量は少ない。これは、大量の水蒸気を供給する海から離れていることに加え、盆地を囲む山々で湿った空気が強制的に上昇し、雨を降らせた後の空気が盆地内に流れ込むためである。

水蒸気は気温が高ければ高いほど、空気中にたくさん含むことができる。そして、水蒸気の含まれた空気が、上昇気流によって断熱膨張で冷やされたり、冷たい空気のかたまりに接触して冷やされたりして、水蒸気が水滴や氷の粒に変化する。その水滴や氷の粒が気流によってぶつかり、大きく成長することが雨の原因になる。大気の鉛直構造を見ると、雨雲は約一五〇〇〜三〇〇〇メートルの高度で発生し、風に乗って流れていく。つまり、盆地を囲む山々は、低い雨雲から雨を降らせるのに十分な役割を果たす。

さて、降水とは空から「水」が降ってくることである。暖かいときには液体の水滴が降ってくる雨となるが、寒くなるとみぞれや雪が降る。

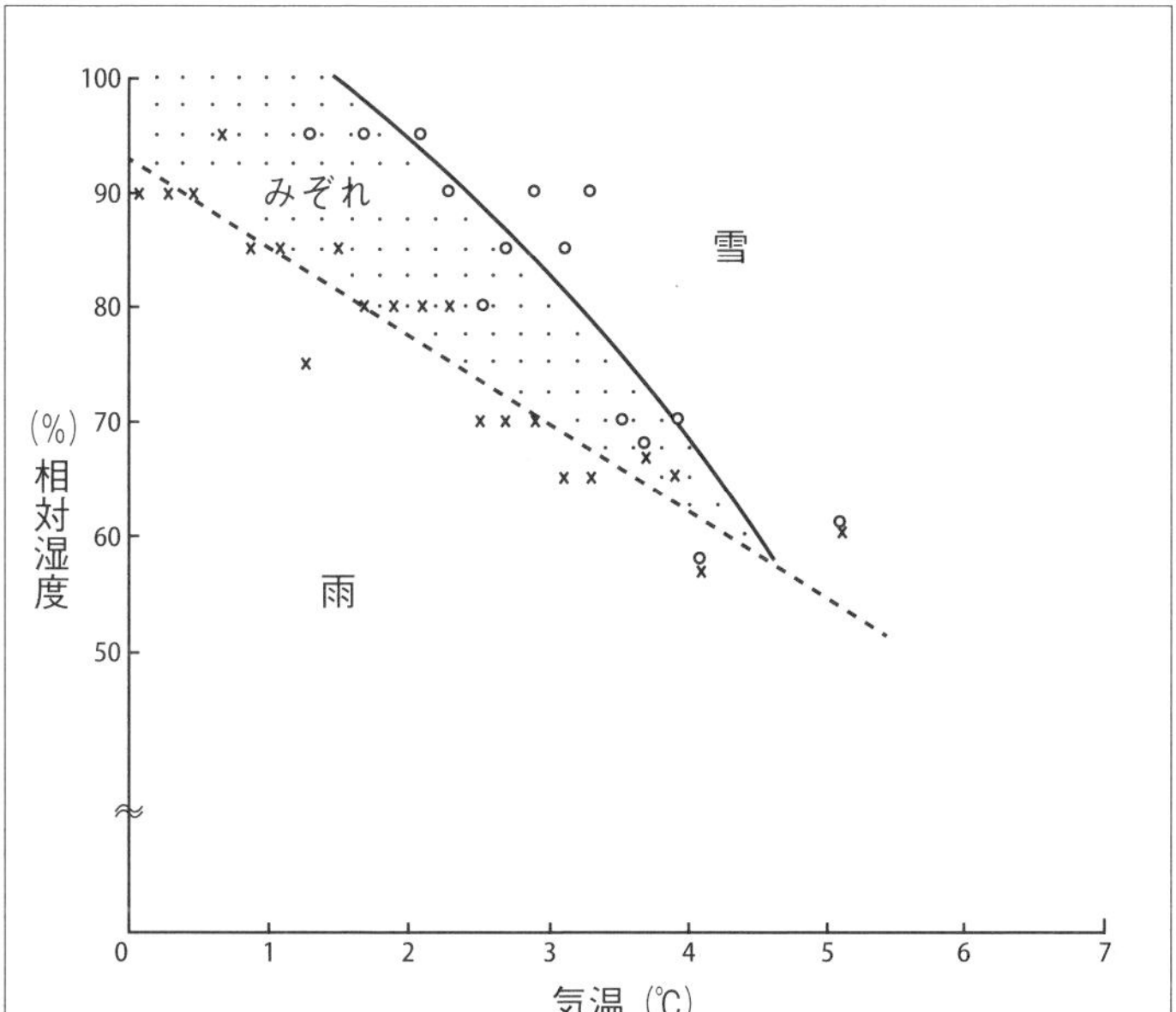

図1　静穏時の輪島における雨雪判別（松尾ほか 1981 を筆者が加工）　気温と相対湿度により雨・雪・みぞれが決まる

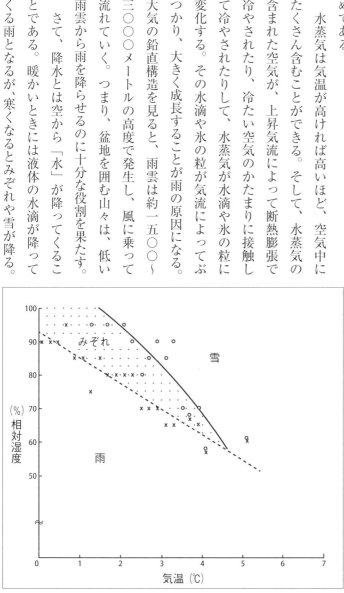

降雪量も降雨量と同様の理由により、盆地内では比較的少なくなる。なお、盆地の雪は平野よりは多くなることもある。それは、盆地は海岸平野よりも標高が高いために、気温が低くなり、その結果として寒い時期に雨ではなくて雪になることがある。このように、雪やみぞれが降るときには、水蒸気だけではなく、気温も見る必要がある。なお、ある気温のときに、降水が雨になるか、雪になるか、またはみぞれ（雨と雪の混合）になるか（いわゆる「雨雪判別図」）については、松尾ほか（一九八一）で輪島・日光・松本という三地点の例から、気温と地上の相対湿度から推測できることが知られている（図1）。

霧

盆地では、霧が発生しやすい。霧が発生するには、風が弱いときに、大気中に十分な水分があり、気温の低下が見られる、という条件がそろうことが必要である。霧の多くは、雨上がりの夜半から早朝に、風が弱くなり、かつ、気温が下がることによって生じる「放射霧」である。霧で有名なのは、釧路から摩周湖にかけてであるが、この霧は寒流の海上を湿った風が吹いてできる「移流霧」であると考えられており、盆地の霧とは成因が異なる。日本の盆地で特に多く霧が発生するのは京都府の亀岡盆地だといわれている。亀岡盆地は「世界で二番目に霧が多い」といわれることもあるが、その学術的な裏付けは取れていない。

二　農業

日本の盆地では、稲作農業が盛んである。盆地の形状から、周縁部から水が盆地底に集まって川となり、流水によって沖積土が堆積し、稲作に向いた土壌ができる。また、盆地の周縁部でも、地すべりが起こると、居住にも水田にも適した土地ができる。一方で、盆地では、得られる水の量に限りがあるため、水田が少ないうちは良いが、水田が盆地底を一面に覆うぐらいまで広くなると水不足になる。そのため水不足に備えて、ため池が作られてきた。盆地周縁部には、山間や丘陵地で谷をせき止めて造った「谷池」が作られ、また、平地でも窪地の周囲に盛り土により堤防を築いて造った「皿池」が作られてきた。さらに近年では、盆地外にダムを建設して用水を引いてくることもある。

盆地では、米や柑橘類を代表として、香り高くおいしい農作物が取れるといわれている。これは、気温の日較差のためである。高温となる昼間に、光合成で生産されたデンプンが、夜に気温が高いと呼吸で消費されるのに対し、夜に気温が低いと呼吸による消費が少ない。こうして、盆地で栽培された農作物に蓄えられるエネルギーは、海沿いで栽培された農作物と比べて多くなる。蓄えられたエネルギーの多さが、おいしさに関係していると考えられている。

三　奈良盆地の気候の特徴

奈良盆地の気候の特色を知るために、奈良地方気象台の気象観測データを詳しく見ていく。気象庁が現在公開している、奈良県内の気象観測網を図2に示す。このうち、奈良県内には奈良市に有人の地方気象台があるほかは、すべて無人のアメダス（地域気象観測システム）である。奈良盆地内には、雨量のみを観測するアメダスが田原本と葛城《かつらぎ》にあるが、気温や風向風速、日照時間はこの二地点では観測を行っていない。また、奈良県内のその他のアメダスは奈良盆地内ではない。なお、図2では気象庁による気象観測のみを示しており、国土交通省、ＪＨなどの道路管理者、ＪＲや近畿日本鉄道などの鉄道、奈良県や各市町村などの地方自治体、日本気象協会やウェザーニュースなどの気象サービス会社、奈良大学・奈良女子大学や農業試験場といった研究機関などによる気象観測が行われている地点もあるが、データが一般に公開されていないため、ここでは取り上げない。

　奈良の気象台は、観測開始以来、橿原市、奈良市北側の盆地斜面（奈良市半《はん》田《だ》開《びらき》町）と移動し、現在の奈良市の盆地底（奈良市西紀寺町）に至る。なお、奈良県高市郡八木町八木（現在の橿原市八木町）にあった測候所は、同じ場所で名称の変更が二度されている。奈良県立八木測候所（明治三〇年一月一日設立）

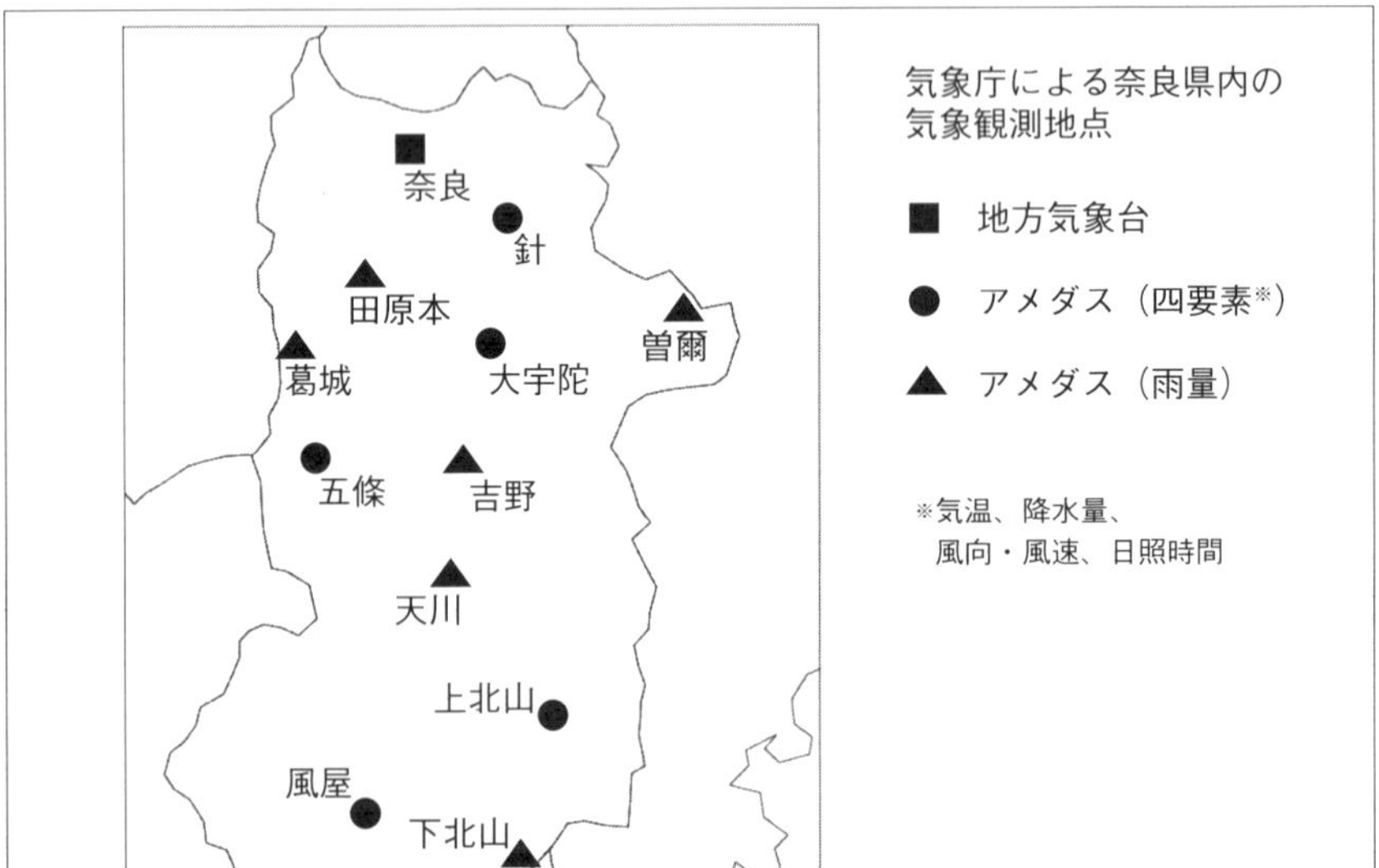

図2　奈良県内の気象観測網（筆者作成）

から、八木測候所（昭和一四年一一月一日に国営移管により名称変更）を経て、橿原測候所（昭和一七年三月三〇日に名称変更）となっている。

観測記録のある奈良地方台の平年値（一九八一～二〇一〇年の平均）を見ると、年平均気温は一四・九℃、年合計降水量は一三一六・〇ミリであった。奈良の気温と降水量の季節変化は図3で示した雨温図のようになっている。月平均気温は一月に最も低く三・九℃であり、徐々に上昇し八月に最も高く二六・九℃となったあと、下がっていく。一方で降水量は一二月が最も少ない四七・三ミリであり、梅雨のある六月が最も多く一八八・八ミリとなっている。なお、七月、八月と減少するが、台風や秋雨前線の通過する九月には一六三・三ミリと多い。なお、奈良気象台で観測された、歴代一位の最高気温は三九・三℃（一九九四年八月八日）、最低気温はマイナス七・八℃（一九七七年二月一六日）、日降水量は一九六・五ミリ（二〇一七年一〇月二二日）、瞬間最大風速は四七・二メートル毎秒（一九七九年九月三〇日）である。

また、気候変動としては、一九五四年以降五〇年あたりで、平均気温は一・〇℃、最高気温は一・一℃、

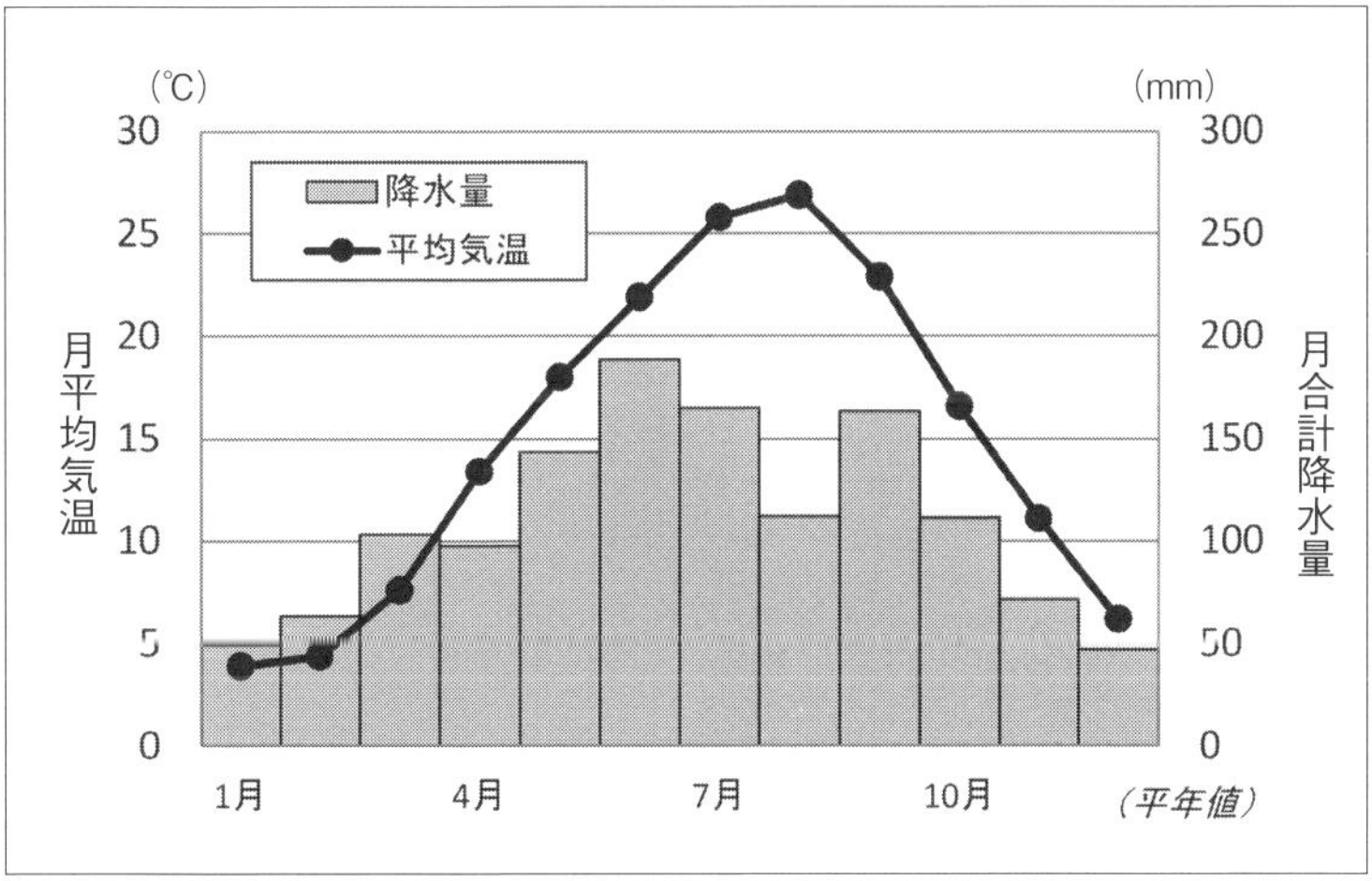

図3　奈良の雨温図（気象庁のデータを用いて筆者作成）

最低気温は〇・八℃上昇している。奈良では最高気温の上昇が最低気温を上回っていることに特徴がある。また、冬日（最低気温が〇℃未満）は一四日減少、熱帯夜（最低気温が二五℃以上）の日数は四日増加、真夏日（最高気温が三〇℃以上）の日数は一一日増加、猛暑日（最高気温が三五℃以上）の日数は九日増加しており、全体的に温暖化の傾向にあることがわかる。これは、地球温暖化に伴う長期的な上昇傾向に、都市気候による地域的な気温の上昇と、自然変動が重なっていると考えられる。降水量の経年変動（図４）は、年ごとの変動幅が大きく、目立った傾向や周期性は見られない。

奈良盆地内の年平均気温と年間の合計降水量について、メッシュ気候値（一九八一～二〇一〇年の三〇年平均値）をもとに、約一キロメートルメッシュで分布図を作成した。

奈良盆地の年平均気温の分布は図５のようになっている。盆地の中でも標高の低い香芝《かしば》町および上牧《かんまき》町付近で二四・五℃を超えているが、そのほかの盆地部は

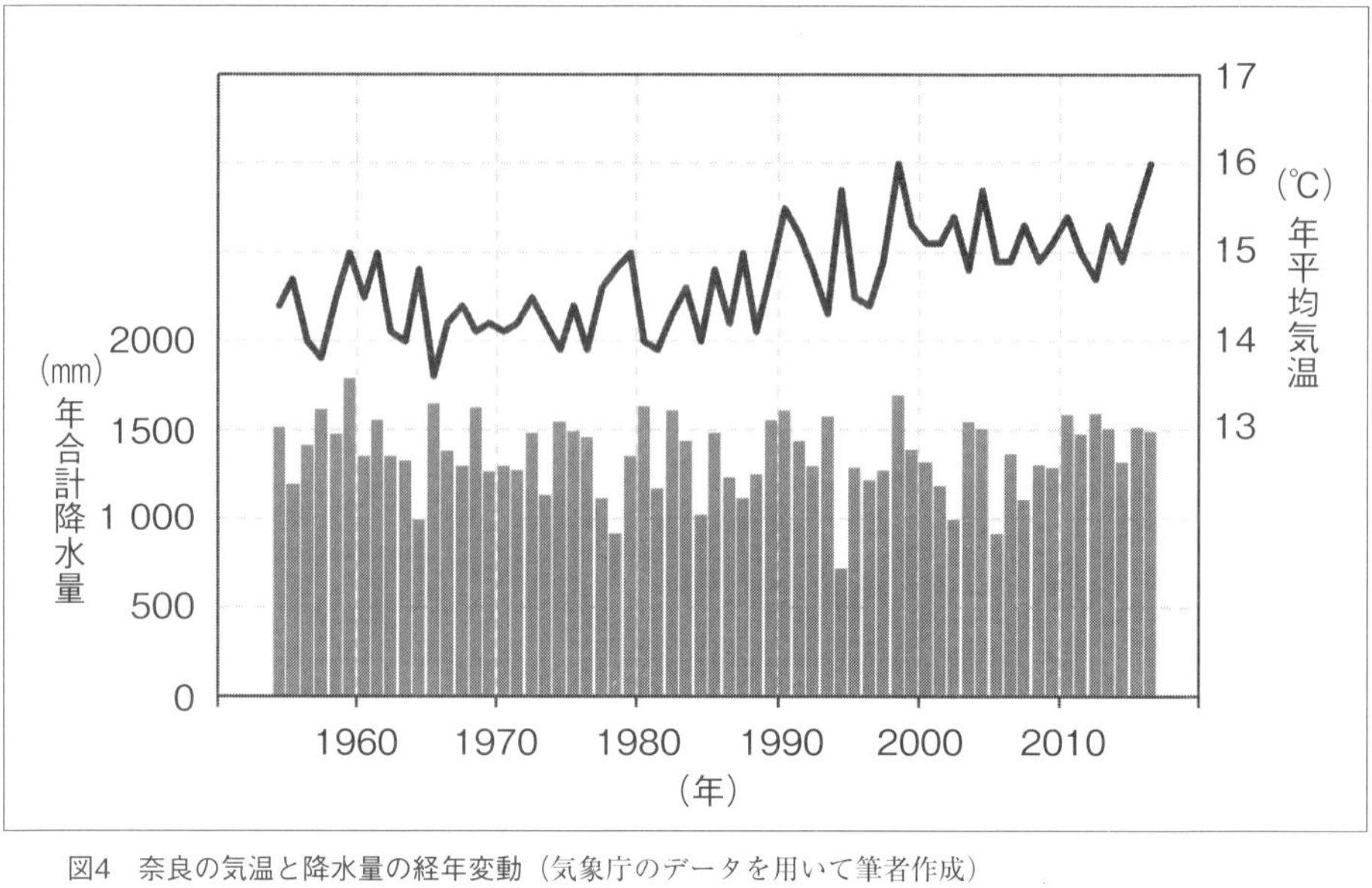

図4　奈良の気温と降水量の経年変動（気象庁のデータを用いて筆者作成）

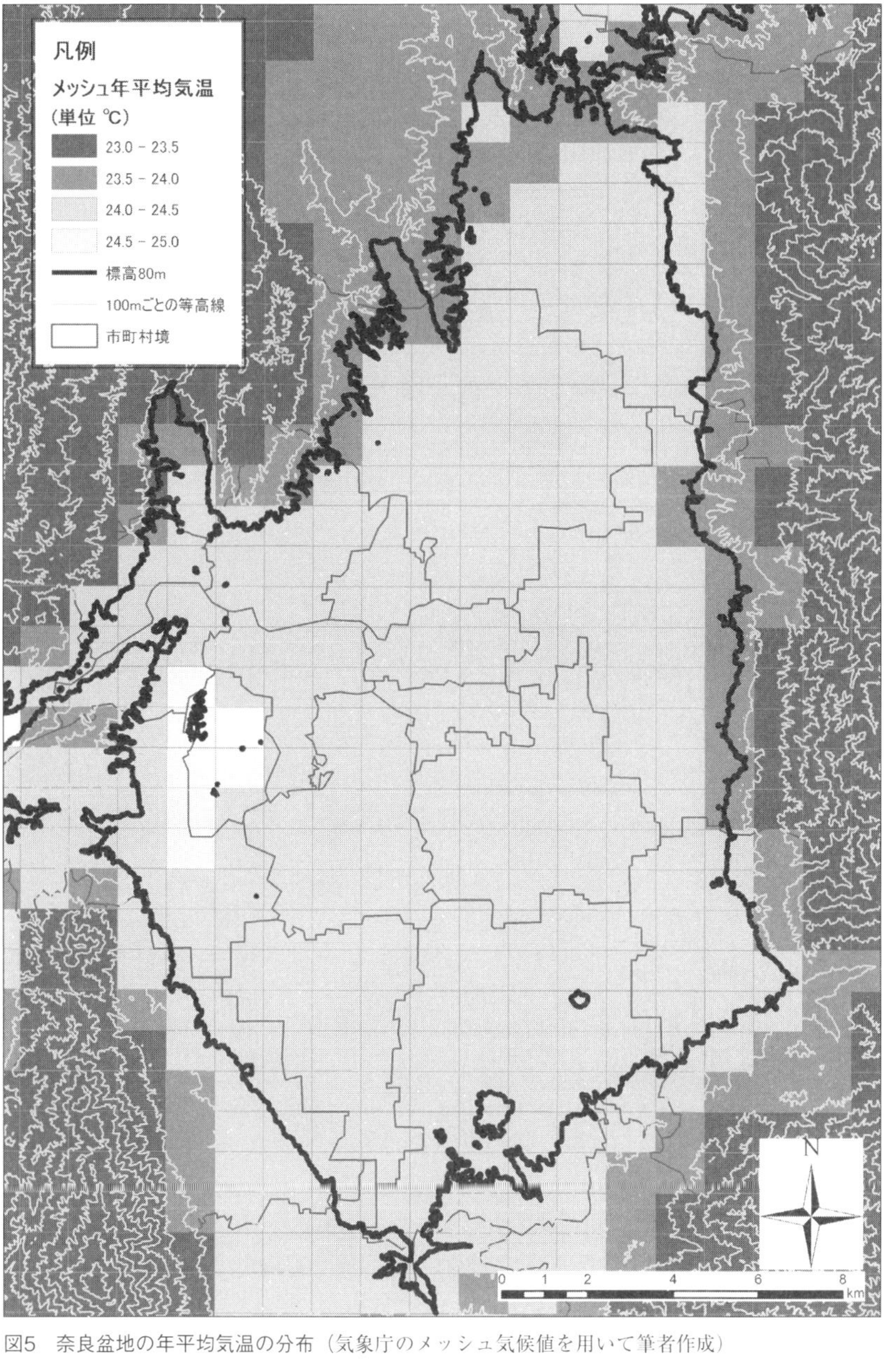

図5　奈良盆地の年平均気温の分布（気象庁のメッシュ気候値を用いて筆者作成）

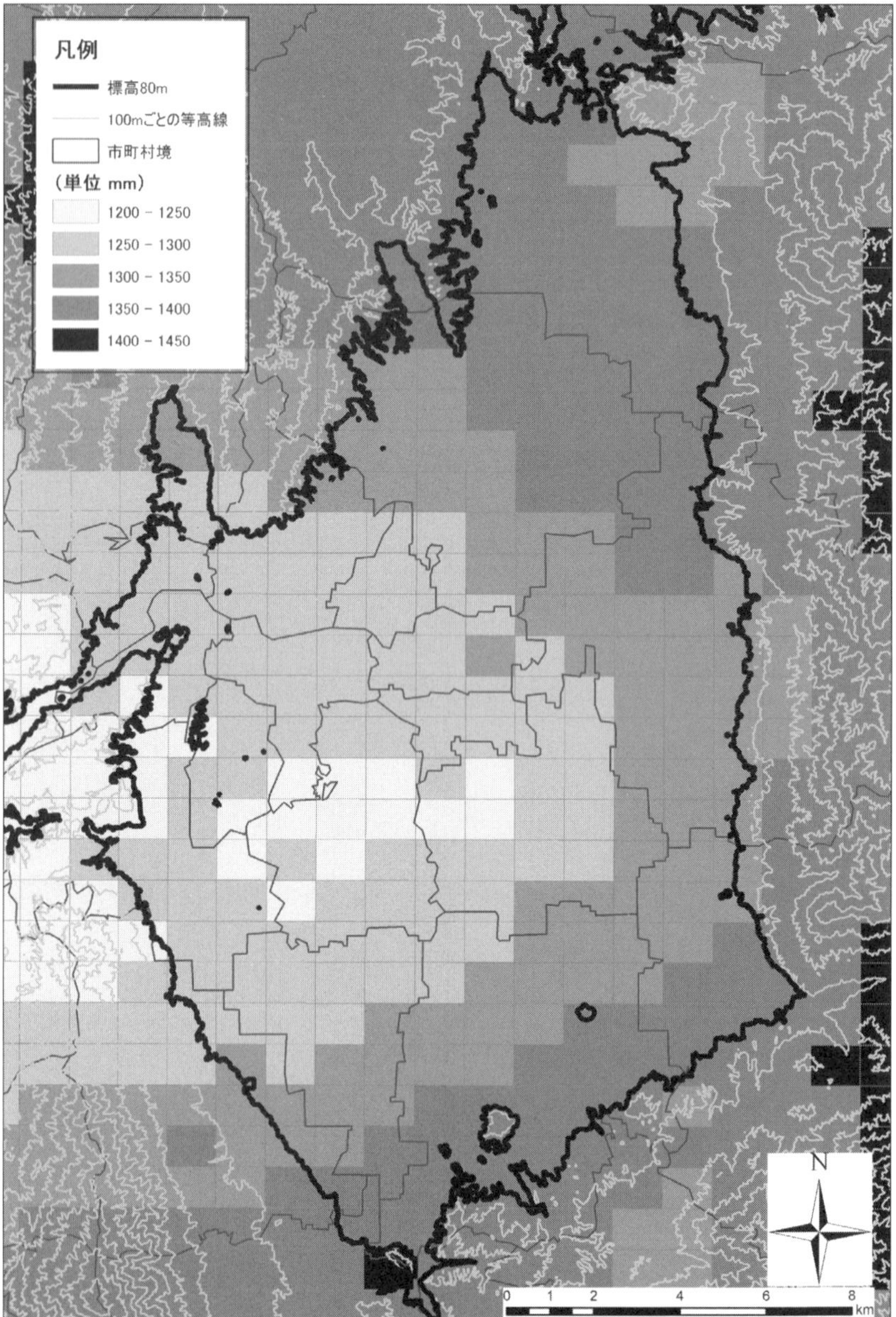

図6　奈良盆地の年平均降水量の分布（気象庁のメッシュ気候値を用いて筆者作成）

ほぼ二四・〇～二四・五℃の範囲の気温となっている。また、年平均降水量の分布は、図6のようになっている。奈良盆地中央部の香芝《かしば》町、広陵町、田原本町の一部で降水がやや少なく、一二〇〇～一二五〇ミリとなっている。この地域を中心として、北東に行くほど、また南東に行くほど降水量は徐々に増えていき、一三五〇～一四〇〇ミリのところも見られる。つまり、年間降水量では、奈良盆地で最大二〇〇ミリもの違いがあることがわかる。

四　奈良盆地の水の特徴

奈良盆地は降水量が多くないため、歴史的に水不足に悩まされてきた。このため、古来よりため池を作って水を補っていた。

全国的には「日照りに不作なし」といわれているが、この反対に奈良盆地では「大和豊年米食わず」ということわざがある。これは、「大和に雨が降って米が豊作になった年は、他の地域では雨が降り過ぎとなり凶作となる」という説と、「他の地域で米が豊作になるような年は、大和は水不足で凶作となる」という説があるが、いずれにせよ、大和平野は他の地域と比べて雨が少なくなることを意味している。奈良盆地では、このように農業用水が不足するため、一七〇〇年前ぐらいからため池が作られてきた。ため池のうち、築造年が明らかなものだけを分類すると、平安以前：一・五％、中世：四・七％、近世：八一・九％、明治以降：一一・四％となっている（浜島ほか 二〇〇一）。新田開発が進んだ江戸時代には、盆地底の平地に盛り土をすることによって皿池が多く作られて、川の水と併用しながら灌漑《かんがい》を行うようになった。その結果、現在奈良県にあるため池の数は、貯水量三万立方メートル以上のもので六五五四か所（一九九九年一二月調査）、小規模のものをあわせると一万か所を超える。

奈良盆地に紀ノ川（吉野川）から水を引いてくる案は江戸時代からあったが、紀ノ川の水利権は紀州藩にあること、また、紀ノ川は流量が安定しないため、毎年のように和歌山で洪水と渇水が発生することから、紀州藩は紀ノ川の水を奈良盆地へ分水することを認めなかった。しかし、アメリカ合衆国のテネシー川総合開発事業（ＴＶＡ）をまねて、一九五二年から始まる国営十津川紀の川かんがい排水事業（通称「吉野川分水事業」）が行われ、吉野川（紀ノ川上流の奈良県部）に大迫ダムと津風呂ダムを建設して奈良盆地に水を通す水路が建設された。その結果、一二・四八〇立方メートル毎秒の水が奈良盆地に流され、そのうちの七九・四％が農業用水に使われ（残りの二〇・六％は上水用）、約一万ヘクタールの水田を潤すこととなった。なお、国営十津川紀の川かんがい排水事業では、十津川（熊野川上流の奈良県部）に猿谷ダムを建設し、十津川から紀ノ川に水を流すことによって吉野川分水の不足分を補い、水の安定供給を促した。なお、当初この事業には和歌山県側に反対があったが、一九五三年に紀州大水害（七・一八水害）が発生したことが契機となって、和歌山県側でも大規模な治水事業の必要性の理解が深まった。

五　奈良盆地の農業の特徴

奈良盆地の農業としては、米を中心に栽培している。奈良盆地では、農地に占める水田の割合が高く、水田面積は一万六四〇〇ヘクタールとされ、農地面積の約七二％を占めている（全国平均は五四・四％）。奈良県全体の出荷額で見ると（奈良県農林部 二〇一八）、九六億円で奈良県全体の農業の二二・〇％（第一位）を占めている。二〇一七年度の水稲の収穫量は四万四九〇〇トンで、全国の都道府県では四一位と下位にある。

水稲の作付面積は（図7）、戦前は奈良県全体で三万ヘクタールを越えていたが、一九六〇年代から急減し、現在では一万ヘクタールに満たない作付面積となっている。また、一〇アールあたりの収量は一九〇〇年頃には三〇〇キログラムを下回ることもあったが、一九五〇年代から急激に増加し、現在では五〇〇キログラムを上回るようになった。これは、土地改良事業が進み、化学肥料を使用できるようになったこと、機械化が進んだことが要因である。また近年の伸びは、高齢化のために収量の低い水田が放棄され、収量の高い水田のみが残っているためであると考えられる。

作付けされる県内第一位の水稲品種の移り変わりを見ると、統計上最も古い一九七〇年と一九七一年は新金南風であった。その後、一九七二〜一九八八年はフヨウ、平成に入って一九八九〜一九九四年はアスカミノリ、一九九五

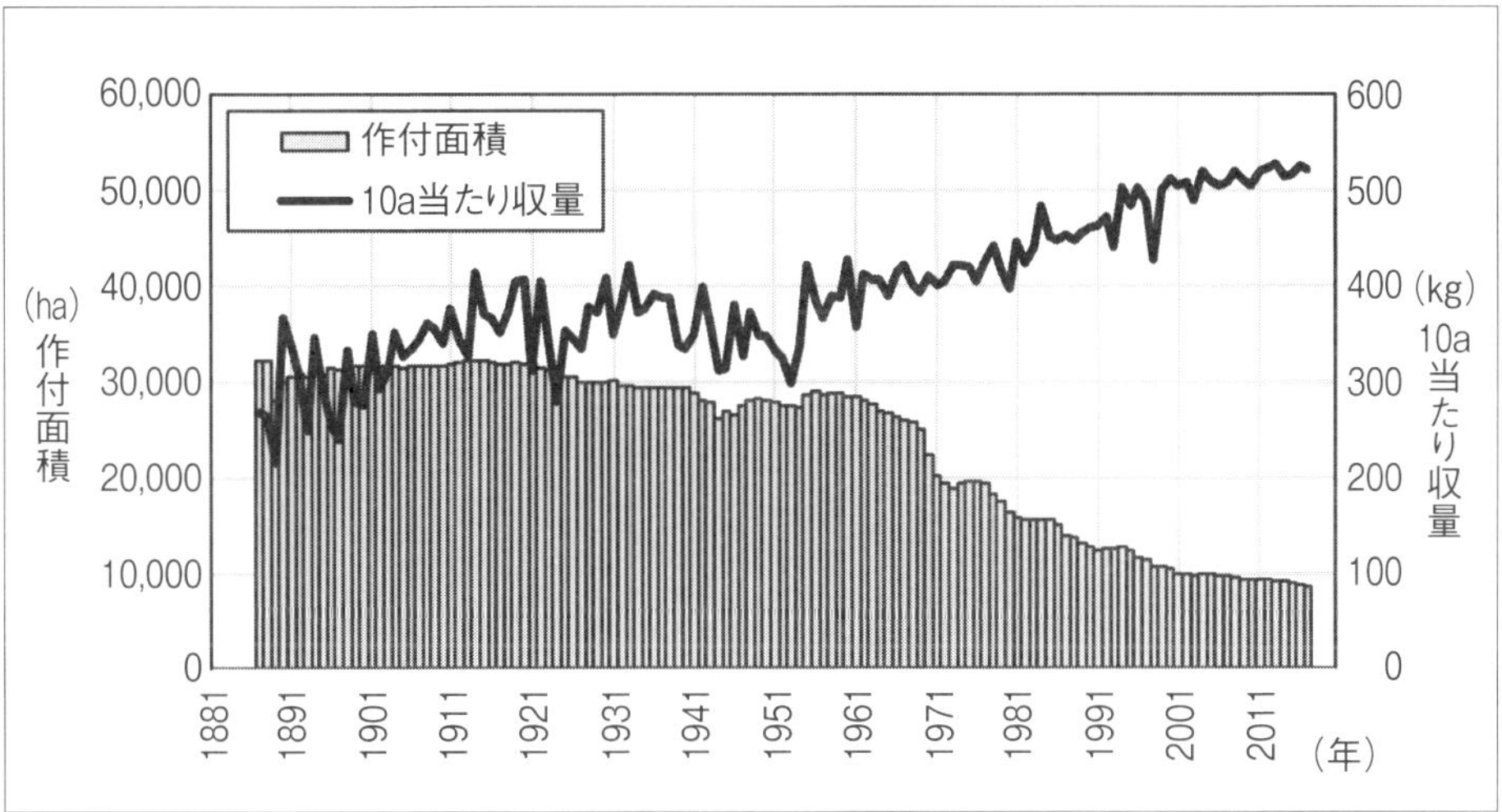

図7　奈良の稲作の経年変動（奈良県のデータをもとに筆者作成）

〜現在（二〇一七年）はヒノヒカリであった。県内第二位以下の作付面積を見ると、一九七〇年代には、秋晴、ほまれ錦、峰光、一九七〇年代から一九八〇年代にかけてアキツホ、ホウレイなどの品種も多く栽培されていた。現在はヒノヒカリが作付面積の約七〇％を占めている。

　奈良盆地では、野菜や果物の栽培も盛んである。これは、大阪・京都という大都市に隣接しており、近郊農業が発達しているためである。奈良県農林部（二〇一八）によると、奈良盆地北部（奈良市、天理市、大和郡山市）では水田での野菜を中心とした施設園芸（イチゴ、トマト）が、北西部（平群《へぐり》町）では花卉《かき》（小ギク、バラ）が、中部（大和高田市、橿原《かしはら》市、桜井

図8　大和の伝統野菜（http://www.pref.nara.jp/2767.htm より）

市、田原本町、広陵町ほか）では水田を活用した軟弱野菜や菜果類（コマツナ、ネギ、イチゴ、なす）が、南西部（葛城市、御所《ごせ》市）の平坦部では軟弱野菜（輪キク、二輪ギク、ネギなど）が盛んである。また、奈良県では伝統野菜（大和野菜）の栽培も行っている。奈良県で指定されている「大和の伝統野菜」は、図8に示す二〇種類である。これらは、第二次世界大戦前から奈良県内で生産が確認されている品目で、地域の歴史・文化を受け継いだ独自の栽培方法により「味、香り、形態、来歴」などに特徴を持つもの（奈良県農林部 二〇一八）とされる。

奈良盆地では、特にイチゴ栽培は有名で、現在では「アスカルビー」（二〇〇〇年に品種登録）、「古都華（ことか）」（二〇一〇年に品種登録）が中心品種となっている。しかし、二〇〇七年から二〇一六年の一〇年間で生産量は二六・四％の減少、作付面積は三一・七％の減少となっている。

奈良盆地では、昔から小麦が栽培されてきたが、現在では桜井市のみで栽培されている。小麦栽培は、奈良時代の遣隋使が栽培技術や製粉技術などを持ち帰ったとされ、千年以上の歴史がある。奈良盆地の周縁部では急な小河川があり、水車を作って製粉に利用されていた。また、小麦の収穫時期は米の収穫時期より少し早いために、夏に米が不足した際には小麦を食べて飢えをしのいでいた。さらに、冬の奈良盆地は寒くて晴れた日が続くため、そうめん作りに向いており、日本における麺食の発祥になったと考えられている。そして、伊勢参りが盛んになり人の動きが活発になると、奈良盆地（三輪）から播州・小豆島・島原へと製法が広まっていった。

〔引用・参考文献〕

奈良県農林部「平成30年度奈良県農業の概要」二〇一八年（http://www.pref.nara.jp/secure/1987l/H30_0601%EF%BC%88ver.0.2%EF%BC%89.pdf　二〇一八年九月一〇日閲覧）
浜島繁隆ほか『ため池の自然―生き物たちと風景―』信山社サイテック、二〇〇一年
松尾敬世ほか「地上で観測される降水量の型と地上気象要素との関係」『気象集誌、第二輯』五九、四六二－四七五頁

第３章
都市と日常生活行動

稲垣《いながき》　稜《りょう》

一　奈良盆地と日常生活行動

やや古いデータではあるが、大場（一九八〇）は、全国の主要な六二の盆地を対象に、一九七五年における盆地内の主要都市のＤＩＤ（人口集中地区）人口をもとに中心都市の立地型を判定した。これによると、第一位都市の人口が二位以下を大きく引き離す「単核型」が約半数の三〇あり、第一位都市以外に二つ以上の都市がある程度人口規模を有する「多核型」が一四、第一位と第二位の都市の人口規模が接近する「双核型」が一一と続いた。

このように、「単核型」の盆地が多い中で、奈良盆地は「多核型」に分類されている。奈良市をはじめ、橿原《かしはら》市、大和高田市、桜井市、生駒《いこま》市など数多くの都市が存在し、全国的にも人口規模の大きい都市の多い盆地となっている。

近代交通が発達するまでの盆地では、周囲を取り囲む山々が自然の障壁となり、人びとの日常的な移動は盆地内にとどまることが多かったと考えられる。現在でも、地方に位置する盆地であれば、人びとの日常生活圏は盆地内に収まっていることが多いであろうし、盆地の外から盆地内に日々移動してくる人の数もさほど多くないと想像される。盆地が一つの都市圏を形成しているとの見方も可能かもしれない。

一方、近畿地方には、奈良盆地、近江盆地、京都盆地、亀岡盆地などにみられるように、内外で人びとの日常的移動が頻繁に行われる盆地が数多く存在するのが特徴である。それは、いうまでもなく、これらの盆地が京阪神大都市圏の一部に組み込まれていることによる。これほどまで多くの盆地が大都市近郊に存在する地域は、京阪神大都市圏をおいてほかにない。本章では、人びとの日常生活行動が行われる範囲が奈良盆地をどの程度越えているのか、あるいは今後縮小していくのか否かについて検討する。具体的な日常生活行動の指標として、通勤行動と買い物行動を取り上げる。

二　通勤行動

通勤行動圏の拡大

奈良盆地の人びとが盆地の外に日常生活行動圏を広げる契機となったのは、明治から大正にかけての鉄道の開通である。特に近鉄奈良線の開通は、沿線において住宅地や娯楽施設の開発が進む原動力となった。こうした住宅地開発は、主として大阪への通勤者による購入を視野に入れたものであったと考えられる。しかし、戦前における沿線住宅地開発は局地的なものであり、奈良盆地を越えて大阪へ通勤する人びとは、ごく少数であった。

こうした状況が一変するのは、戦後の高度経済成長期である。藤岡（一九六二）は、「大阪を中心としたアーバニゼーションが生駒山地といった障壁によって、他の臨海地域のようにはこの盆地にまで強力には浸潤していない」としている。つまり、当時（一九六〇年頃）は生駒山地の存在によって、大阪大都市圏の外延的拡大が奈良盆地にまでは本格的に及んでいなかったことが推察される。一方で、「その人口圧は淀川地域をさかのぼる一方、東の生駒山地をこえてこの奈良盆地へ流動する日も遠くはないであろう」とも述べ、近い将来、奈良盆地が大阪大都市圏に組み込まれていくことを予想している。すでにその兆候が徐々にみられていた時期であり、そのさなかに書かれたこの論考は、奈良盆地が大都市圏化していく過渡期の状況を伝えるものとして興味深い。

そして、まさにこの直後、大阪大都市圏は生駒山地を越え、急速に奈良盆地に及んだ。奈良盆地の変貌は、大規模な住宅地化に特徴づけられる。大阪と奈良盆地を結ぶ鉄道路線には近鉄とＪＲがあるが、このうち奈良盆地の住宅地化に大きく貢献したのは近鉄であった。近鉄自身による沿線開発のほか、大小さまざまな住宅会社による住宅地開発が並行して行われていった。開発が先行したのは近鉄奈良線沿線であったが、近鉄大阪線、南大阪線、そしてＪＲ関西本線の沿線もそれに続き、奈良盆地における住宅地開発が面的に拡大していった。それらの開発の多くは、丘陵地を大規模に改変したものであった。

こうして形成された郊外住宅地に入居してきた世帯の世帯主（男性）の多くは大阪で働く人びとであった。この結果、住まいのある奈良盆地から職場のある大阪へと通勤する人びとの大量の流れが生み出された。このことを物語る調査結果を以下で紹介したい。

筆者は、生駒市において一九七〇年代に開発された住宅地と、一九九〇年代後半以降に開発された住宅地にそれぞれ居住する人びと（世帯主と配偶者）を対象に、その通勤行動をたずねるアンケート調査を二〇一二年に実施した。そのうち、一九七〇年代に開発された住宅地に居住する男性の入居当初（一九七〇年代）の通勤先を示したのが表1である。この表には、一九八〇年の国勢調査をもとにして、生駒市に居住する全就業者の通勤先についても示してある。

これによると、一九七〇年代に開発された住宅地に居住する男性の八割以上が、入居当初において大阪府へと通勤していたことがわかる。一方、生駒市の全就業者をみると、大阪府への通勤者は六割にとどまっている。このことは、大阪で働く人びとのベッドタウンとしての性格が、一九七〇年代に開発された住宅地において特に顕著であったことを意味する。

このように、奈良盆地を越えて大阪へ長距離・長時間通勤をする人びとが増加していったわけであるが、これには世帯内における性別役割分業が密接に関係している。通勤に時間がかかるということは、世帯主（男性）が家事に費やすことのできる時間が少なくなることを意味し、その分の家事を一手に引き受けることになったのが配偶者（女性）であった。郊外住宅地は、「男性は仕事、女性は家庭」といった性別役割分業を前提として成り立っている地区であるといっても過言ではない。実際、一九七九年の就業構造基本調査によると、三〇～四九歳の有配偶女性に占める無業

表1　1970 年代における生駒市居住者の通勤先

	大阪府	生駒市・奈良市	奈良県内その他	その他
生駒市全就業者	17,400（60.3）	10,031（34.7）	813（2.8）	626（2.2）
1970 年代 住宅地居住者	408（80.6）	71（14.0）	8（1.6）	19（3.8）

カッコ内は％。生駒市全就業者の数値は 1980 年国勢調査。1970 年代住宅地居住者の数値は生駒市アンケート調査

者（つまり専業主婦）の割合は、全国では四七・二％であるのに対し、住宅地としての性格が強い奈良県では六〇・二％にのぼっていた。

郊外化の終焉

　こうして奈良盆地は、高度経済成長期以降、大阪のベッドタウンとなったが、近年は様子が大きく変化してきている。大都市側に目を向けると、一九六〇年代から一九八〇年代までの人口減少とは打って変わって、一九九〇年代後半以降は人口増加に転じるようになった。大都市の中でも都心部でこの傾向が強くみられ、「人口の都心回帰」現象が進んでいる。大阪市では都心六区（北区・中央区・天王寺区・西区・福島区・浪速区）において顕著な人口増加が続いている。

　人口減少時代に突入している現在の日本の中で、三大都市圏の一つである大阪大都市圏においても人口増加の状況になく、人口停滞局面に入っている。こうした状況下では、ある地域に

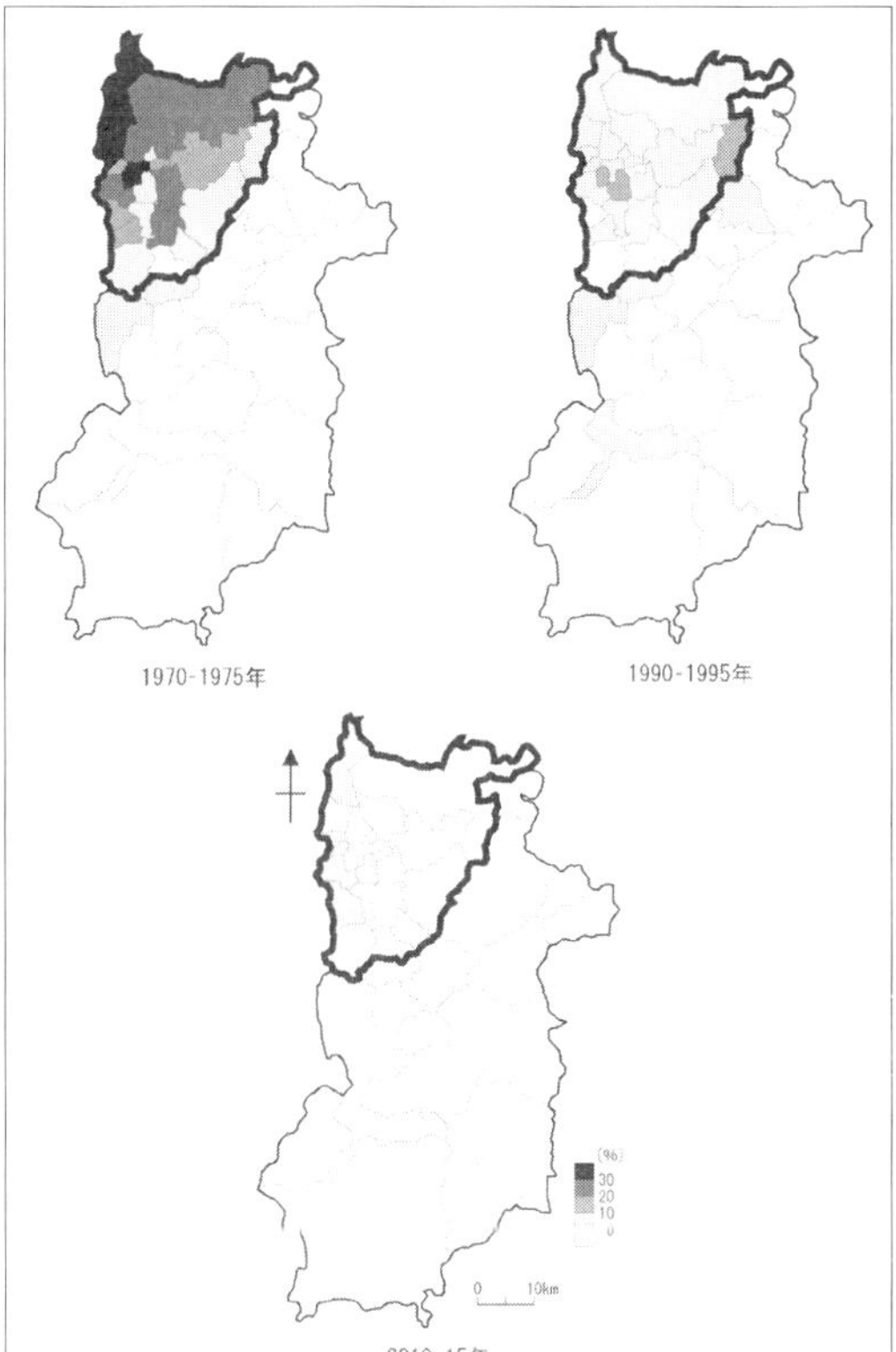

図1　奈良県市町村の人口増加率　太線内は奈良盆地の市町村（国勢調査より）

おいて人口増加が進んでも、ほかの地域では人口減少が生じてしまうといったゼロサムゲームとなる。そのため、大都市における人口増加は、周辺に位置する郊外地域の人口減少を引き起こしている。一九六〇年代から一九八〇年代までに大幅な人口増加を経験した奈良盆地内の諸都市も、一九九〇年代に入ると人口停滞が進み、より最近では人口減少を示すようになってきた（図1）。

奈良盆地の人口減少は、自然減少（出生者数よりも死亡者数が多い状況）による部分もさることながら、大阪方面から住宅を求めて居住地移動してくる人びとが減って社会増加（転入者数が転出者数よりも多い状況）が大幅に縮小してきたことによる部分も大きい。住民基本台帳人口移動報告によると、奈良県では、一九七九年に、大阪府からの転入者数が三万四六四三人となり、大阪府への転出者数一万四六七四人を大幅に上回って、一万九九六九人の社会増加を記録した。しかし、これをピークに大阪府との間の社会増加は縮小を続け、二〇〇五年にはついに社会減少に転じた（転入者数一万九四四人、転出者数一万一〇四三人）。転入者数と転出者数の数字からわかるように、社会増加から社会減少へとシフトした主因は、大阪府からの転入者数が激減したことにある。

このように、大阪から生駒山地を越えて居住地を移してくる人びとが減少したことにより、奈良盆地で開発される住宅地の住民属性にも変化が表れている。筆者のアンケート調査の結果によると、一九七〇年代に生駒市の住宅地に入居してきた人びとの過半数は大阪府を前住地としていたが、一九九〇

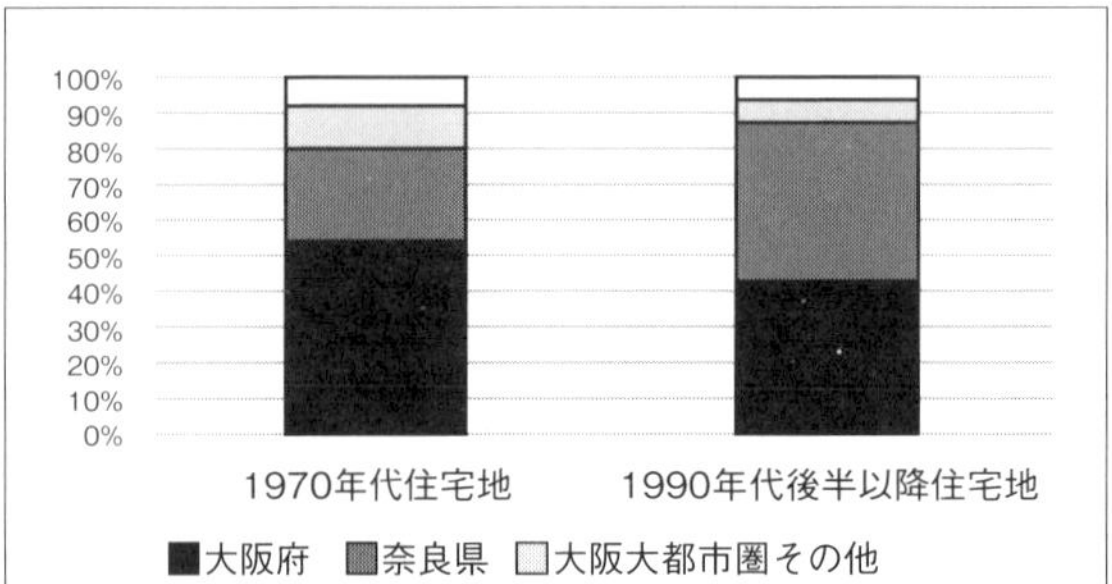

図2　開発時期別にみた世帯主の前住地（生駒市アンケート調査より）

年代後半以降に入居してきた人びとではその割合が低下し、代わって奈良県内を前住地とする割合が最も高くなった（図2）。この調査では出身地もたずねており、一九七〇年代に入居した人びとでは、大阪大都市圏以外の出身者が三四・五％、奈良県出身者が七・〇％であった。これに対し、一九九〇年代後半以降に入居した人びとでは、大阪大都市圏以外の出身者が二一・八％、奈良県出身者が三〇・七％と、奈良県出身者が大幅に上昇した。従来であれば、地方出身者が若くして仕事などのために大都市へ流入し、その後住宅を求めて郊外へ移動していくというプロセスがみられたが、最近では郊外育ちのいわゆる「郊外第二世代」が増加し、彼（彼女）らが郊外住宅地の取得の中心にある。奈良盆地をめぐる住宅市場もローカルな様相を呈してきたといえよう。

通勤行動圏にも変化がみられる。表1でみたように、一九七〇年代には非常に多くの人びとが大阪へと通勤していたが、最近は大阪への通勤率が低下傾向にある（図3）。大阪への通勤率が低下してきた要因として、第一に奈良盆地内において働く場所が増加してきたことがある。住宅地が開発され人口が

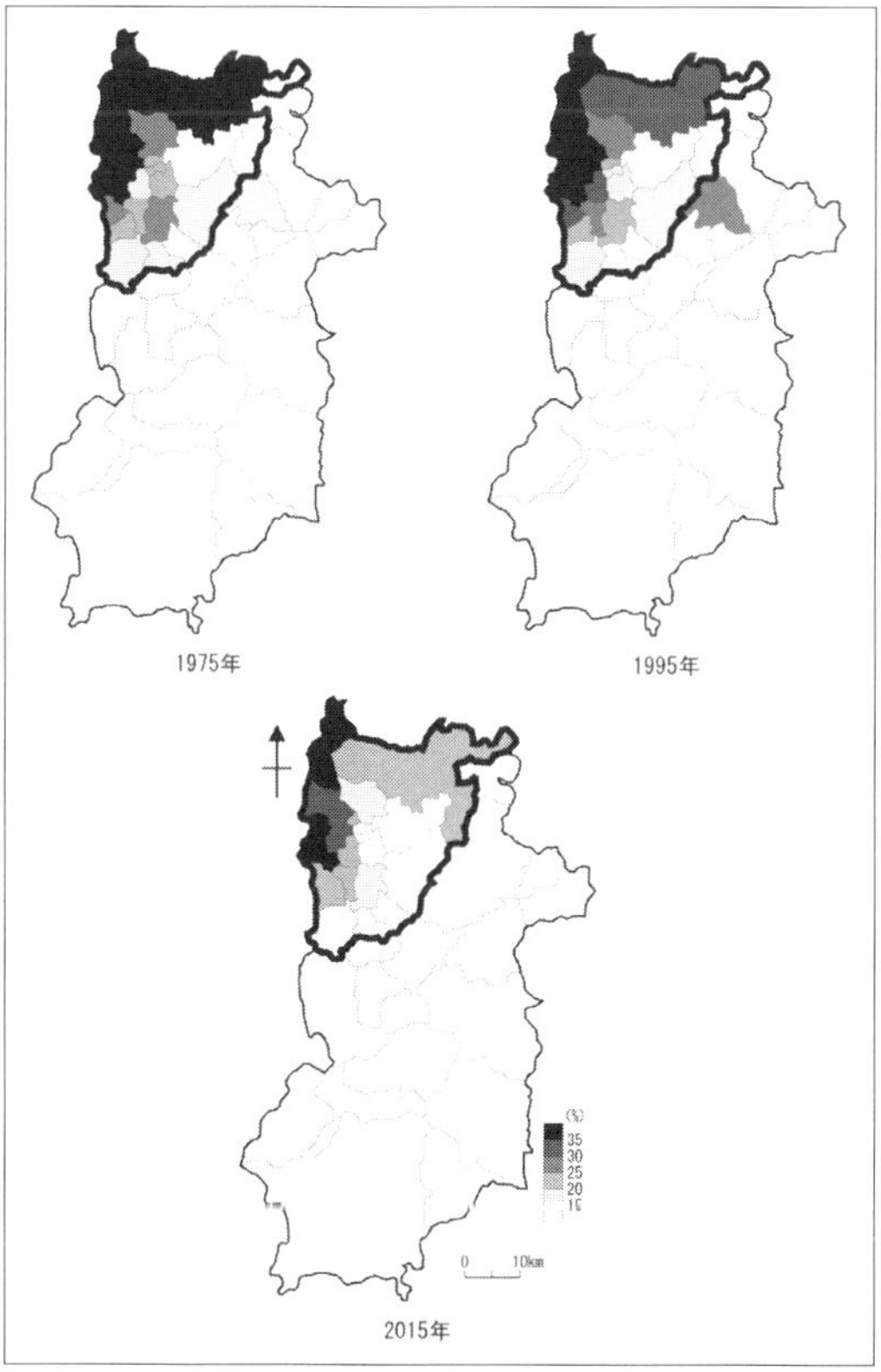

図3　大阪府への通勤率　太線内は奈良盆地の市町村（国勢調査より）

増加すれば、その分消費・サービス需要が増加することになるため、多くの商業・サービス施設が奈良盆地内に立地するようになった。また、京奈和自動車道、西名阪自動車道、名阪国道などの高速道路が整備されたことにより、インターチェンジ付近をはじめとして製造業や物流施設が立地するようになった。こうした施設は就業の場でもあり、奈良盆地内で働く人が増えれば、大阪への通勤率は相対的に低下することになる。

第二に、一九七〇年代頃に入居してきた世代が定年退職の時期に差しかかったことである。先に述べたように、一九七〇年代に住宅を求めて奈良盆地に居住地移動してきた人びと（特に男性）の多くは、大阪へ通勤する人びとであった。住宅を取得する年齢層がおよそ三〇～四〇歳代であると考えると、それらの人びとは一九九〇年代以降に六〇歳に到達する。こうして、大量の大阪通勤者が一斉に退職時期を迎えることで、大阪への通勤者が激減することになった。

以上のように、高度経済成長期を通じて、奈良盆地は大阪大都市圏に組み込まれていったが、近年はむしろ通勤行動圏が縮小し、盆地内を指向する通勤行動が増えつつある。

三　買い物行動

人びとの日常生活行動の指標として、通勤行動と並んで重要なのは買い物行動である。われわれ人間は、生活をするうえで不可欠なものを店舗で購入することが多く、そのために自宅と店舗の間を日々移動している。通勤は就業者のみの行動であるが、買い物は就業の有無にかかわらず行われるものであり、大半の人びとにとって身近な行動である。

そこで、買い物行動において、大阪府の店舗を利用する割合がどのように変化しているのかを考えよう。ここで利用する資料は、奈良県商工会連合会による奈良県消費動向調査である。このうち、最初に実施された一九八〇年版と、最新の二〇〇四年版を比較する（これ以降は調査が行われていない）。この調査では、複数の商品についてどこで購入しているのかが調査されているが、両年次の調査報告書に共通して示されている品目は贈答品のみであり、これ以外の品目は年次間での比較ができない。そこで、贈答品について、大阪府で購入する人の割合を示したものが図4である。

一九八〇年においては、大阪府に接する市町村を中心に、奈良盆地の市町村全般において大阪府での購入割合が高い。さらに、大阪府を利用する割合の高い市町村が奈良盆地を越えて広がっており、東吉野村や川上村では五〇%以上の高率を示す。贈答品という非日常的な商品を扱う店舗が奈良県内には乏しかったことが推察される。

これに対し、二〇〇四年をみると、大阪府での購入割合が大幅に低下している。五〇%を上回る市町村は王寺町のみであり、四〇%以上を含めても三郷町が加わるのみである。このことは、言い換えれば近隣市町村で購入する割合が高まったことを意味する。このように、奈良盆地を越えて大阪府への買い物流出が顕著であった状況から、盆地内での購入へと買い物行動がシフトしていると考えることができる。(1)

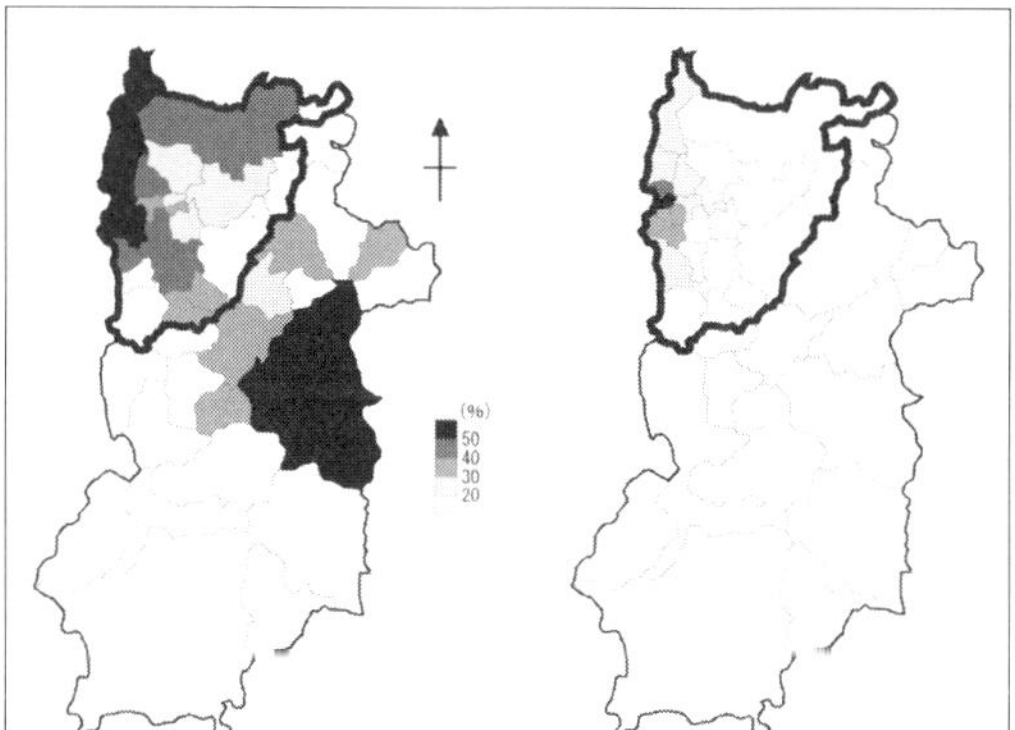

図4　大阪府での買い物割合（贈答品）　太線内は奈良盆地の市町村（奈良県消費動向調査より）

もちろん、すべての品目において近隣市町村を指向するわけではない。その商品の特性により、買回品は大阪を指向する傾向が強いし、最寄品は近隣を指向する傾向が強くなる。一例として婦人服を取り上げ、買回品としての性格が強いおしゃれ着と、最寄品としての性格が強いふだん着について、大阪府での購入割合を示すと図5のようになる。ふだん着の大阪府での買い物割合をみると、王寺町、香芝《かしば》市、葛城《かつらぎ》市といった大阪府に隣接する一部の市町村で二〇%台を示すものの、全体としてその割合は低い。一方、おしゃれ着では、奈良盆地内の市町村において大阪府での買い物の割合が非常に高いのに加え、奈良盆地外にもその割合の高い市町村が及んでいる。買回品であるおしゃれ着は、最寄品であるふだん着に比べると、百貨店で購入することが多い商品である。(2) 百貨店は大阪大都市圏の中心地である大阪市内の都心部に立地する傾向が強いため、奈良盆地をはじめとする奈良県民は、買回品を求めて大阪市内まで買い物に出かけているのである。

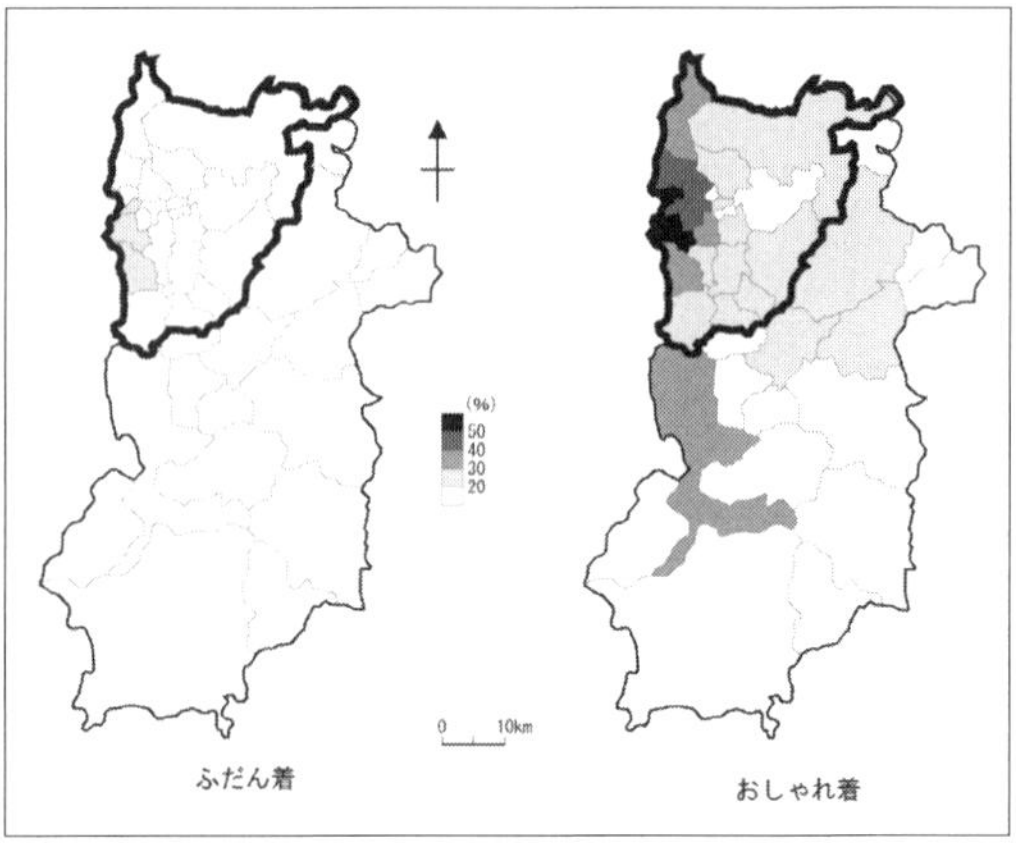

図5　婦人服の特性別にみた大阪府での買い物割合（2004 年）
太線内は奈良盆地の市町村（奈良県消費動向調査より）

四　買い物困難者の出現

高度経済成長期を中心に大規模な住宅地開発が進んだ奈良盆地では、その時代に入居した人びとが現在では高齢期に移行している。これに伴って新たに生じてきたのが買い物困難者問題である。買い物難民問題、買い物弱者問題などさまざまな呼び方がなされるが、徒歩で買いに行ける食料品店が消失し、生鮮食料品の調達が困難になってきたことをさす。奈良盆地を越えて大阪へ買いに出かけることが多い買回品とは違って、生鮮食料品の場合は盆地内とりわけ自宅付近で購入するのが一般的である。近年における買い物環境の劇的な変化、高齢化による健康問題などによって、この一般的な買い物行動すら成り立たない、つまり自宅付近で購入することができなくなってしまった人びとが数多く存在する。以下では、筆者が調査した王寺町（図６）の事例を紹介する。

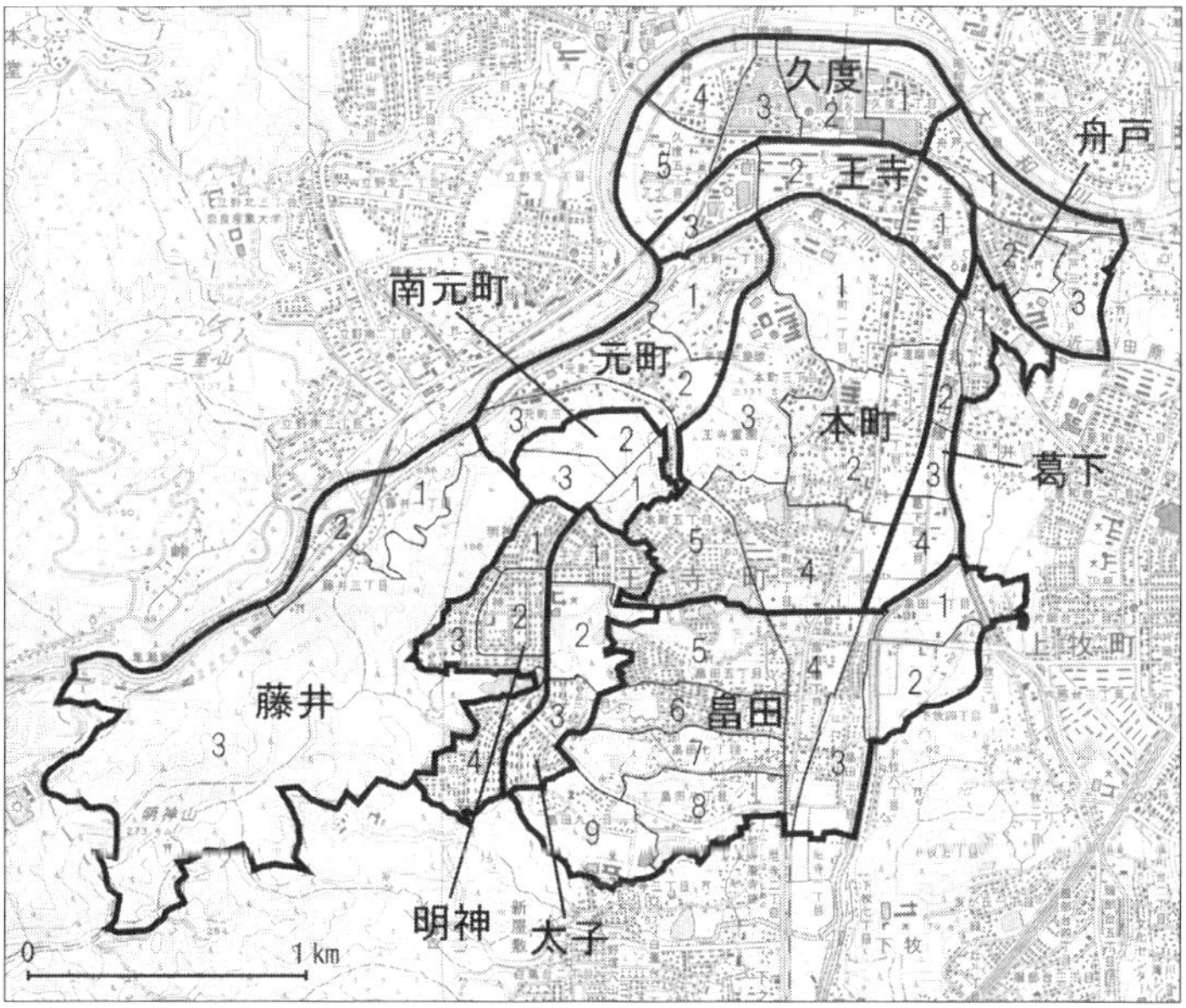

図6　王寺町の概要　国土地理院発行2万5千分1地形図「信貴山」「大和高田」（2006年更新）を使用

王寺町の住宅地開発

近世以前の王寺町は大和川の水運の拠点として栄えた地域であったが、明治に入って奈良県内で最初に鉄道が開通し、一八九〇年に王寺駅が設置されてからは鉄道交通の要衝として発展した。鉄道開通以前の王寺町の中心集落は現在の本町二丁目あたりであったが、王寺駅設置後は王寺駅周辺（久度《くど》）の市街地化が急速に進んだ。西側で大阪府と接しており、大阪市内への鉄道アクセスは良好である。こうした条件により、第二次世界大戦後には、大阪大都市圏拡大の波が押し寄せるようになった。一九六〇年代から一九七〇年代にかけての時期に、畠田五、六丁目や本町四、五丁目などの丘陵地を造成する形で住宅地の開発が進んだ。一九八〇年代に入ると、より標高の高い地区に住宅地開発が及び、明神地区、太子地区に王寺町内最大の住宅地が誕生した。二〇一七年一月三一日現在、人口二万三六六八人を有し、二〇一五年国勢調査による大阪市への通勤率は二六・七％であり、大阪市の郊外都市としての性格が明瞭である。

これまでの王寺町は、三〇歳代や四〇歳代の住宅取得層が大量に流入してきたため年齢構成も比較的若かったが、近年は住宅地開発も落ち着きをみせ、新規入居者数が縮小してきた。一方で、これまでに入居してきた人びとの加齢に伴い、高齢化が急速に進行しているため、高齢者の買い物困難問題が顕在化する懸念が高まっている。

王寺町の買い物困難者問題

現在、王寺町で食料品を購入できる主な店舗は図7のとおりである。食料品店が最も集積しているのは王寺駅周辺であり、大型店、スーパーマーケット、コンビニ、個人商店など多様な店舗がそろっている。次いで多いのはJR畠田駅周辺である。

一方、丘陵地に開発された住宅地区においては、ごくわずかの店舗が立地するに過ぎない。丘陵地の住宅地の大半は、都市計画法上、専用店舗の立地が制限されている「第1種低層住居専用地域」に指定されているため、コンビニすら建設ができない状況である。明神地区のスーパーマーケットが立地している場所は「近隣商業地域」に指定されており、丘陵地の住宅地において唯一食料品店の立地が可能な地区となっている。

王寺町内の大型店をみると、王寺駅北側に一店舗（西友王寺店）が立地するのみである。しかし、隣接する河合町、上牧《かんまき》町にはそれぞれイオン西大和店、アピタ西大和店が立地している。これら隣接する自治体の大型店は大規模駐車場を備えており、王寺町居住者の中にも自家用車を利用してそれらの店舗に出かける人も多いと考えられる。

図7　王寺町における食料品店の立地（iタウンページ（2017年1月現在）および現地調査をもとに作成）大型店（10,000㎡以上）のみ、王寺町に隣接する市町村についても示してある。国土地理院発行2万5千分1地形図「信貴山」「大和高田」（2006年更新）を使用

二〇一六年一一月から二〇一七年一月にかけて実施した六五歳以上の王寺町居住者へのアンケート調査(3)

からは、高齢者をとりまく生鮮食料品の買い物実態が地区によって異なることが明らかになった。回答者の買い物頻度をみると（図8）、「ほぼ毎日」買い物を行う人の割合が高いのは、王寺駅や畠田駅の周辺と、一九八〇年代以降に住宅地開発がなされた丘陵地の明神地区や太子地区である。鉄道駅周辺において買い物頻度が高いのは、近隣に食料品店が数多く立地していること（図7）が背景にあるものと考えられる。一方、丘陵地の住宅地にはスーパーマーケットが一店舗立地しているのみであり、近隣における食料品店の立地にその要因を求めることは困難である。

そこで、買い物先への交通手段をみてみる（図9）。鉄道駅周辺は徒歩・自転車の割合が高いのに対し、明神地区、太子地区は自家用車の割合が高い。明神地区、太子地区は、一九八〇年代という比較的新しい時期に開発がなされた住宅地であるためほかの地区に比べて回答者の年齢が低く、身体的に自家用車の運

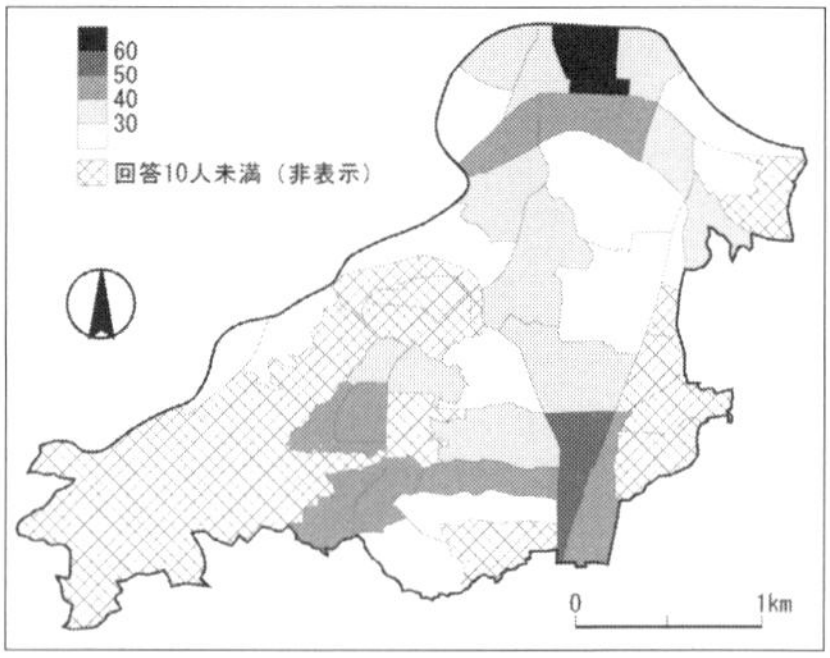

図8　生鮮食料品の買い物頻度が「ほぼ毎日」の割合（%）（王寺町アンケート調査より）

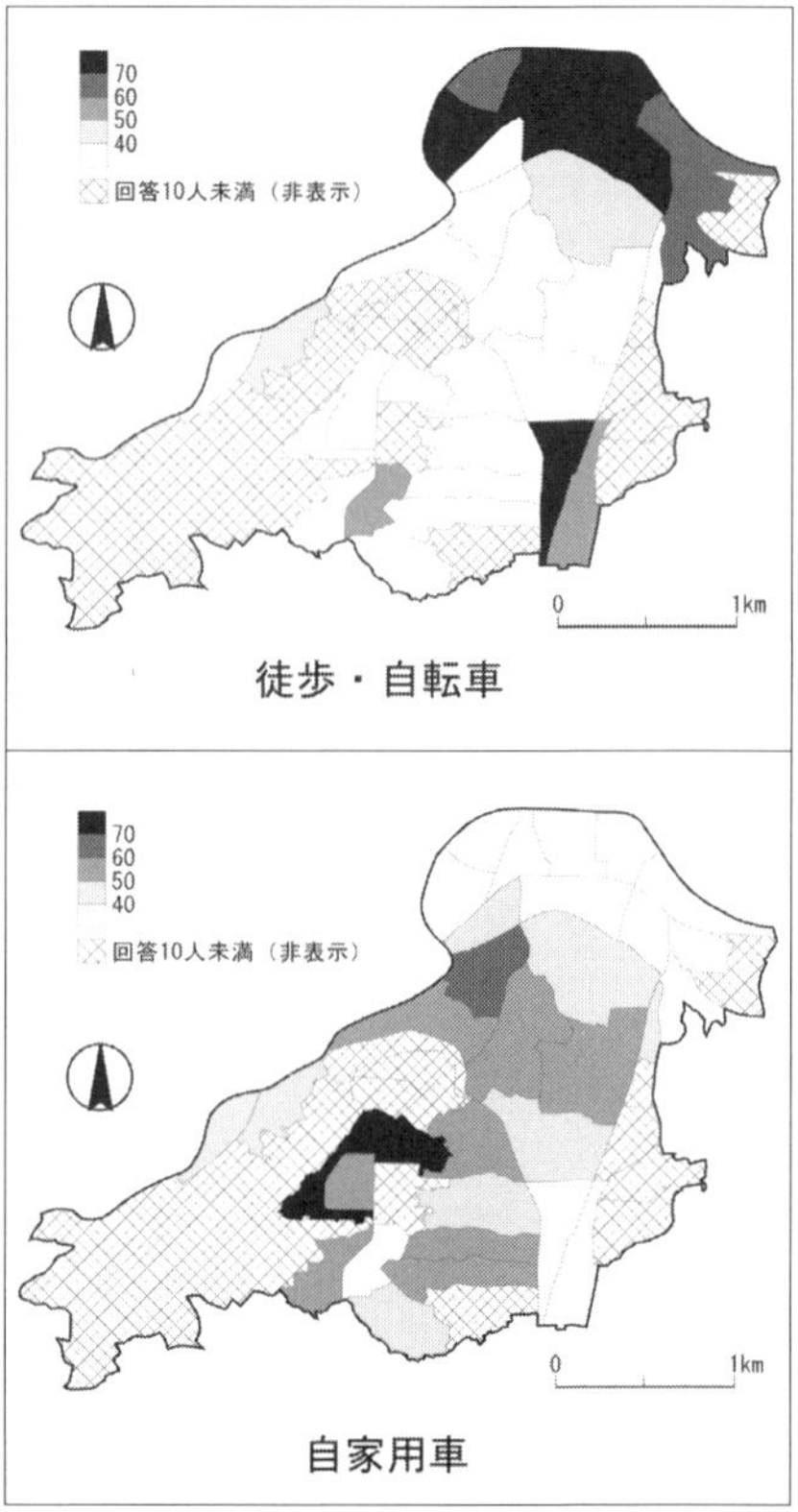

図9　交通手段（%）（王寺町アンケート調査より）

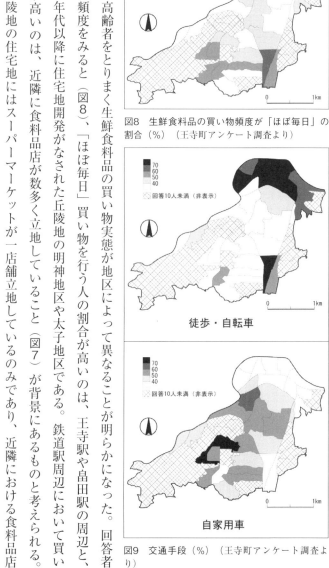

転が可能な人びとが多い。このため、自家用車を利用して高頻度で買い物に出かけることができているものと考えられる。

高齢者にとっては、食料品店への所要時間も重要である。農林水産政策研究所によると、生鮮食料品店までの徒歩でのアクセスが困難になる距離は、直線距離でおよそ五〇〇メートルとされる。これは、高齢者の徒歩による所要時間にして約一〇分に相当する。そこで、生鮮食料品店までの所要時間が一〇分以内であるかどうかを指標として、各地区の食料品店へのアクセスを評価する（図10）。

鉄道駅周辺では、徒歩圏内に食料品店が充実していることを反映し、所要時間一〇分以内の割合が高い。明神地区、太子地区においても同割合が比較的高いが、この地区の場合は近隣に立地するスーパーマーケットの影響だけではない。図9でみたように、明神地区、太子地区では自家用車を利用した買い物行動が中心であり、自家用車であれば、王寺町周辺自治体に立地する店舗へも一〇分程度で到着が可能である。このように、近隣のスーパーマーケットへ徒歩で出かけられる人びとの存在とともに、自家用車を利用して徒歩圏以外の店舗を利用する人びとの存在が、明神地区や太子地区における所要時間の短さにつながっていると考えられる。

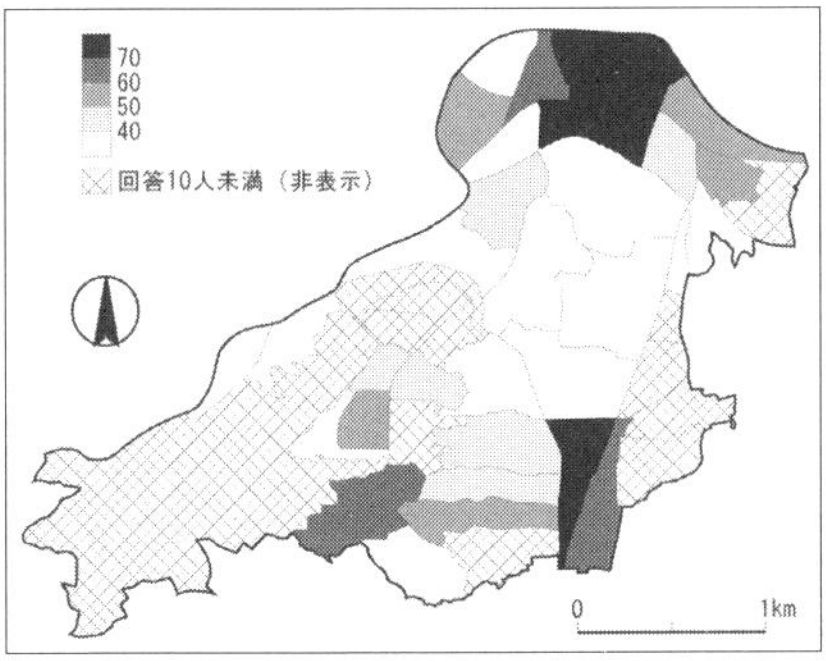

図10　食料品まで10分以内の割合（%）（王寺町アンケート調査より）

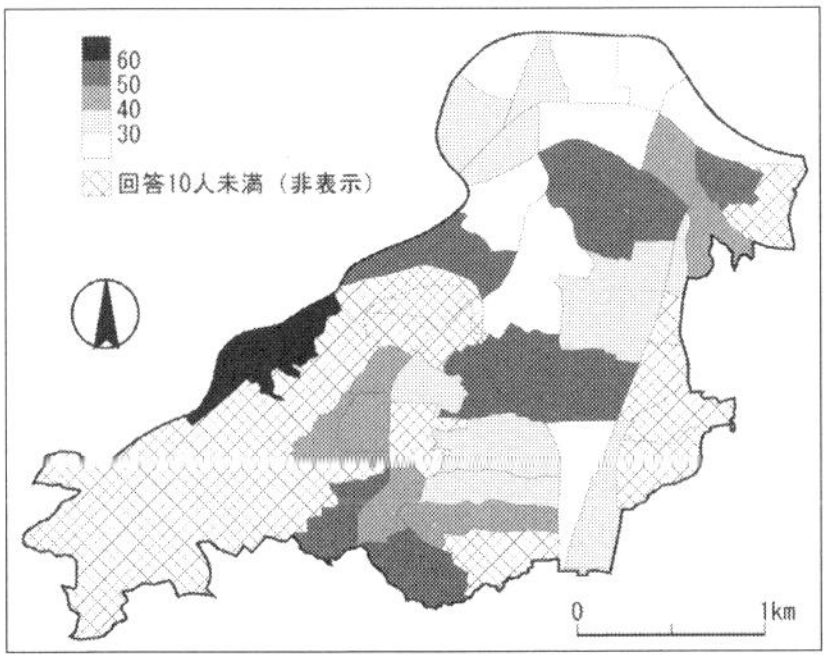

図11　買い物に不便を感じる人の割合（%）（王寺町アンケート調査より）

一方、鉄道駅周辺や明神地区、太子地区を除くと、生鮮食料品店までの所要時間が長い人の割合が高い。近隣に店舗がないこれらの地区では、車を運転することのできない高齢者を中心に、長時間歩いて買い物に行かざるを得なくなっている可能性がある。

最後に、買い物に不便を感じていると回答した人の割合をみておく（図11）。「買い物に不便を感じているか」というシンプルな質問に対する回答ではあるが、明瞭な地域差がみられる。鉄道駅周辺には不便を感じている人が少なく、周辺部において不便を感じている人が多いという対照的な特徴が明確である。近隣に食料品店が多く立地する鉄道駅周辺とそうでない周辺地区という、買い物先へのアクセスの違いが買い物の利便性における地区間の差違に大きく関わっていると考えられる。

五　おわりに

奈良盆地では、交通の発展により、盆地内にとどまらず盆地を越えた広範囲にわたる日常生活行動が可能になってきた。一方で近年は、盆地を越えるどころか、最も身近な食料品店への移動も困難な人びとが出現している。こうした買い物困難者は、皮肉にも、人びとの行動範囲を広げるのに貢献してきた交通の発展によって生み出された部分も大きい。

これまで奈良盆地の人びとは、大都市圏が拡大・成長していく中で、大阪を意識する傾向を強めてきた。大阪で働き、大阪で買い物をすることが、一つの価値観を形成してきたともいえる。対照的に、居住の場である盆地内に意識を向けることが希薄化していった。この延長線上に、近年の奈良盆地における買い物困難者問題があるのかもしれない。

しかし、一九六〇年代から一九八〇年代にかけて奈良盆地に住居を移し日々大阪市へと通勤していた人びとは、現在は退職年齢に到達している。これに伴い、奈良盆地から大阪市へと通勤する人の割合も年々低下している。買い物行動においても、以前に比べ大阪を指向する割合が低下傾向にある。こうした大阪指向の弱まりは、人びとの生活意識を、再び奈良盆地を軸としたものに変えていく一つの機会になるのかもしれない。盆地内の生活実態が見つめ直され、ひいては身近な買い物困難者にも目が向けられていくことになるかもしれない。

ただし、大阪指向が弱まってきたとはいえ、いまだ多くの人びとが大阪に就業先、買い物先を求めているのも事実である。大阪なくして奈良盆地の人びとの生活が成り立たない面も大きい。奈良盆地においては、これからも大阪との日常的な関係を一定程度保持しつつ、自立的なまちを模索していくことになるのであろう。

《註》

（1）しかしながら、買い物において大阪府の店舗に依存する傾向がなくなったわけではない。平成二一年全国消費実態調査によると、自都道府県外で消費する割合は、奈良県が全都道府県の中で最大であり（つまり県外流出が著しい）、そのことに危機感を持った奈良県が独自に県外消費の実態をつかむ調査を実施したほどである（平成二三年奈良県消費実態調査）。

（2）奈良県全体の数値であるが、おしゃれ着の購入先として百貨店は四〇・四％、大型スーパーは二二・一％であるのに対し、ふだん着では百貨店が一六・二％、大型スーパー四四・九％と、おしゃれ着の百貨店指向が明瞭である。

（3）このアンケート調査は、王寺町と奈良大学による包括連携協定の一環として、王寺町内における六五歳以上高齢者の買い物環境を把握するために実施したものである。調査内容は、個人属性のほか、現在の買い物環境に対する評価、買い物行動、王寺町が実施する外出支援事業の利用状況などである。対象者は、王寺町に二〇一六年四月一日現在居住する六五歳以上人口六四三一人の中から三五〇〇人（五四・四％に相当）を抽出した。郵送は二〇一六年一一月に実施し、二〇一七年一月までに二二五三人から回答が得られた。回収率は六四・四％であり、王寺町の六五歳以上人口に占める割合は三五％に相当する。

〔引用・参考文献〕

大場茂明「盆地都市の立地と勢力圏」『盆地都市をめぐる諸問題』日本都市学会、一九八〇年、一二三－一三六頁
藤岡謙二郎「奈良盆地における集落とその歴史」奈良女子大学地理学教室編『奈良盆地』古今書院、一九六一年、四五－六八頁

第４章 盆地の交通

三木《みき》 理史《まさふみ》

一　プロローグ――開く交通と閉じた交通

　一般に周囲を高地で囲まれた低平な凹地とされる盆地では、かつて交通機関の未発達な時期には交通の容易な凹地部と交通の遮断要因の高地部という対照性が特徴であった。しかし、トンネル掘削や高地の開削などの土木技術の発達によって、そうした地形による交通の遮断は次第に少なくなっていった。

　しかし盆地の地形の特徴を反映し、居住者の生活圏が周囲の高地によって遮断され、その内部で完結することは比較的近年まで継続していた（村松　一九三〇）。しかし、徒歩交通の時代には当然視された生活圏の完結性も、交通機関を用いた鉄道、自動車などの近代交通の発達によって次第に失われた。つまり地域と地域を相互に結ぶ交通は、本来盆地を「閉じた」生活圏から解き放つ機能も果たした。

　実際明治・大正期に建設された幹線鉄道は、奥羽本線（現ＪＲ奥羽本線）が横手盆地を縦断し、中央本線（現

ＪＲ中央本線）が甲府盆地を横断し、そして大阪鉄道（現ＪＲ関西本線の一部）が奈良盆地を斜断してきた。また当初から民営の近畿日本鉄道（以下、近鉄）奈良線・橿原《かしはら》線（元大阪電気軌道（1））、同大阪線（元大阪電気軌道＋参宮急行電鉄）、同南大阪線（元大阪鉄道〔二代目〕）なども奈良盆地を横縦断してきた。それらの特徴は対応する高速道路や主要道路にも概ね継承された。

しかし、すべての鉄道が盆地の生活圏を開いてきたわけではない。たとえば奈良盆地に隣接する近江盆地には近江鉄道（米原－貴生川《きぶかわ》間ほか）、伊賀盆地には伊賀鉄道（伊賀上野－伊賀神戸間）などの盆地内でほぼ完結した路線を展開した局地鉄道がある。これらは閉じた空間の盆地の生活圏を継承するように機能してきた。奈良盆地でも近鉄田原本線（元大和鉄道）や生駒《いこま》線（元信貴《しぎ》生駒電気鉄道）などがそれである。

両者は盆地の生活圏を開閉する存在として対立するように見えるが、実際には両者が相互に結びつきながら路線網を形成し、盆地の生活を支えてきた。そして交通路が相互に交わる場所を、地理学では結節点とよんできた。結節点は人の往来が盛んで、街道沿いに古くから集落が形成され、鉄道では駅が、高速道路ではインターチェンジが置かれてきた。

ところが、奈良盆地の鉄道に乗ってみると、ＪＲ線と近鉄線が交差しながらも駅がないため両線を乗り換えできないという事例に気づく。もちろん両線が接続していて雨天でも傘なしで乗り換えの可能な駅もある。本章では、そうした違いの生じた原因も考えつつ、奈良盆地の交通のもつ特徴を見てみたい。

二　奈良盆地の交通路と鉄道

古代から近世へ

奈良盆地には平城京造営の前後から低平な盆地内には、古代の上ツ道、中ツ道、下ツ道以来の南北方向の主要街道が早くから整備され、近世（主に江戸時代）には上ツ道が上街道、下ツ道南部が中街道とよばれた。特に江戸幕府は道路補修費の軽減のねらいもあって車両利用を原則禁止したため、モノの移動（物流）は河川に依存し、それを担った盆地の水系（上流の小河川）は現王寺町北東部ですべて大和川に集約していた。

これら古くかつ盛んに利用されてきた盆地内の交通路に対して、周囲の高地である生駒山地や笠置山地の関係する東西方向の交通は南北方向の交通の後塵を拝してきた。もちろん古都の栄えた場所として古く藤原京の時代から、その横大路が東に東海道や東山道へ、西に山陽道へ、下ツ道が南に南海道へ、と各々つながり生活圏が盆地外へと展開してはいた（木下 二〇〇九：六五－七九）。

奈良から都が京へ移ると、それら主要官道につながる道はローカルな存在へと変化した。乱世のため通行に危険の多かった平安時代末から室町時代を経て、内政の安定した江戸時代になると伊勢参りの流行によって奈良はその周遊地になった。大坂と結ぶ生駒山地側の暗峠《くらがりとうげ》街道や竜田街道、伊勢と結ぶ笠置山地側の笠置街道や伊勢街道などは勾配に阻まれながらも重要な遊覧経路の一部を成した（鎌田 二〇一三）。

一方、重量を伴う物資の流通には、古代以来一貫して亀ノ背を通過する大和川に依存してきた。

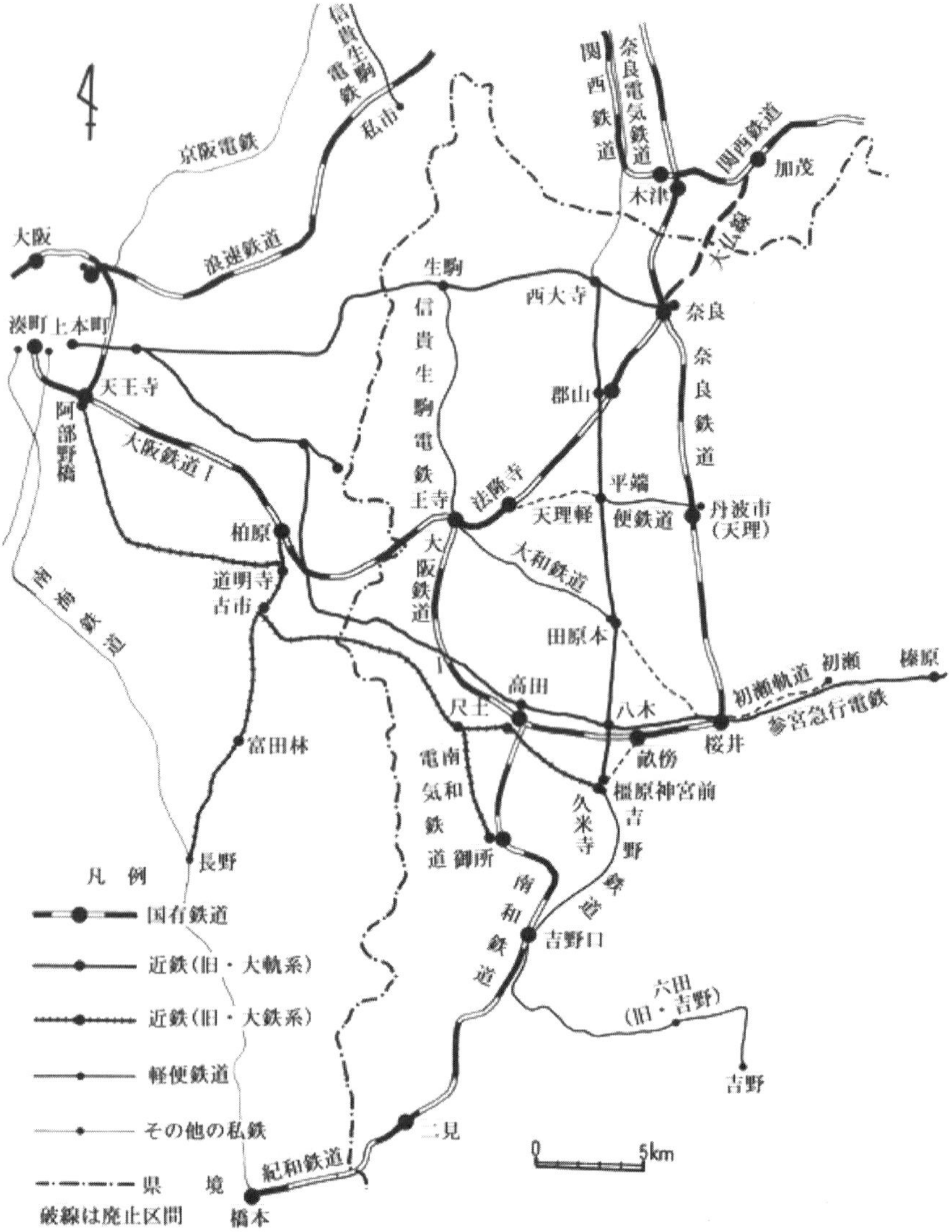

図1　奈良盆地とその周辺の鉄道網（1945 年頃）（筆者作成）

鉄道の時代

奈良盆地の鉄道は一八九〇（明治二三）年一二月、王寺－奈良間で開業した大阪鉄道（現ＪＲ関西本線）にはじまるが、その経路は古代以来物流を担ってきた大和川に沿い、盆地内を斜断して生駒山地を回避しつつ大阪府に進入していた。大阪鉄道はまず一八八九年五月に大阪府内の湊町（現ＪＲ難波）－柏原間が、ついで王寺－奈良間が開業し、生駒山地亀ノ背付近の難工事のため当初は全線がつながっていなかった。

こうした迂回経路の採用は当時蒸気機関車が客貨車を牽引する列車方式で、勾配に弱いことが大きな理由であった。そのため継承したＪＲ線のＪＲ難波－奈良間は四一キロメートルもの距離があり、しかも蒸気動力に依存した一八九九年当時の列車では約七五分（現在の快速列車は約四五分）を要していた（図１）。

その後阪奈間を東西直行経路でより短縮したいという要望が高まり、それをうけて一九一〇年に設立された大阪電気軌道（当初は奈良軌道、現近鉄、以下大軌）は、暗峠越え経路での短縮を計画した。海抜約六〇〇メートルの生駒山を東西に越えるため、古くから街道は鞍部の暗峠付近を通過し、大軌は当初その付近にインクライン（輸送用ケーブルカー）を設置し、車両をそれで牽引して山越えしようと考えた（図２）。しかし車両の連結解放に時間を要するため断念し、山地部の比較的短

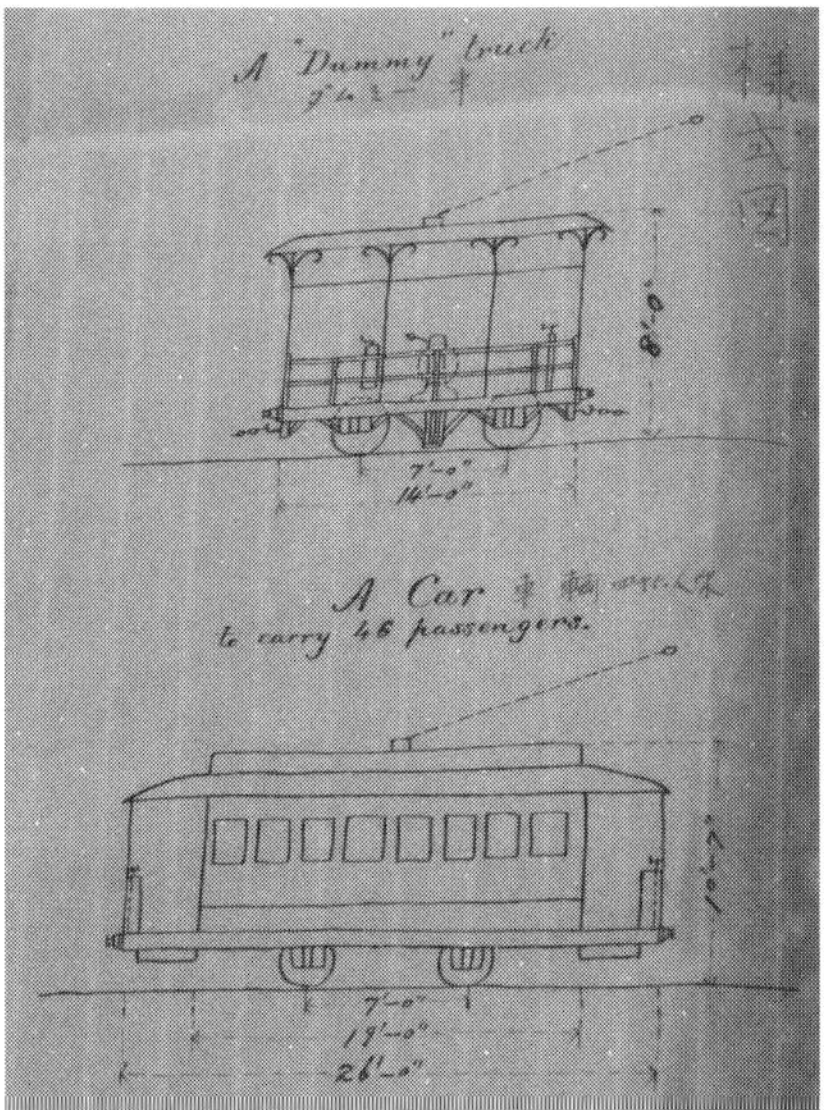

図2　インクライン方式で構想されていた当時の車両（『奈良県庁文書　大阪電気軌道関係一件（Ⅱ）』奈良県立図書館情報館所蔵）インクライン区間では上の動力車で、下の平坦区間の車両を牽引する計画であったようである

くなる北部に線路を若干迂回させて約三キロメートルのトンネルを開削して生駒山を通過することにした。それでも生駒トンネルは当時の鉄道用では全国屈指の長さのため難工事となり、上本町－奈良間の開業には三年以上の工期を要し、一九一四（大正三）年四月に開業した。

その結果阪奈間は約三〇キロメートルの路線に短縮でき、また大軌は蒸気機関車牽引の列車ではなく、当初から電車運転を採用して約五五分で結び、奈良は大阪からの行楽はもとより、後年の通勤さえも可能な条件を整えることになった。

また鉄道の整備が進むと、河川行政も水運重視の低水工事から、洪水対策重視の高水工事へと重点が移り、堰堤《えんてい》の建造などによって次第に通航が困難となった。そこで大和川も物流通路としての意味を次第に失い、奈良盆地の物流は主に関西本線が担い、生鮮食料品などの急送物は一部大軌線で輸送された。

自動車時代へ

自動車交通の基盤となる道路整備は、当初街道の改良にとどまっていたが、一九二〇年代頃から徐々に自動車向けの本格的な拡幅や舗装がはじまった。しかし当時の自動車の走行性能にも制約されて周囲の高地の生駒山地や笠置山地を越えるような輸送には耐えられず、県外輸送を担えるのは大和川沿いの現国道二五号にほぼ限定されていた。

当時県内で生産されていたスイカは「大和西瓜」として全国的にも知られていたが、夏場に鮮度が要求されることから、所要時間の長くなる鉄道貨物より、小回りが効く自動車で京都や大阪などの大規模市場に出荷された。

ちなみに最大幅員四〇メートルを越えたともいわれる奈良時代の平城京域の道路も（木下二〇〇九：六九）、平安遷都などで盆地内の農村化に伴い次第に狭幅になり、江戸時代まで大きな改修を経ず使用されて劣化した。

次に関東大震災で有用性の認識された自動車普及の黎明期にあたる一九二八（昭和三）年の県内道路交通量を見ると（図３）、奈良和歌山線（現国道二四号）が盆地内交通における南北軸の中心を占め、勢野－高田線・高田－御所線・御所－五條線（現国道一六八号ほか）が副本線的な役割を果たした。他方東西方向では奈良大阪線（現国道二五号）、高田古市線・奈良津線（現国道一六六号・一六七号）が中心であった。

自動車の普及が進んだ一九六五年の県内交通量を見ると、国道二四号の南北方向の基幹性が強まりこそすれ変化はないが、二八年に比較して盆地南部の通行量が増加した。それは道路

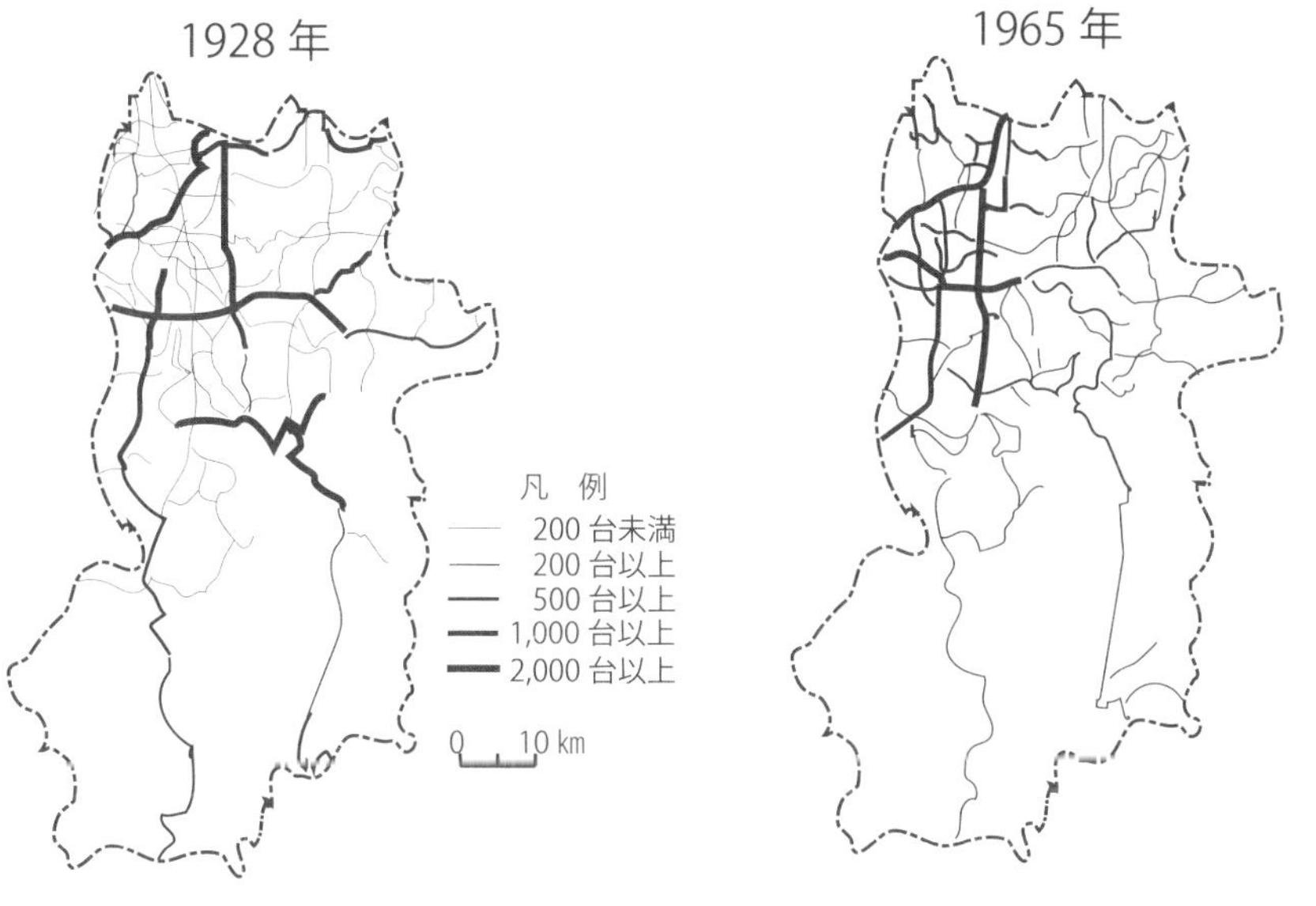

図3　奈良県下主要道路における1日の車両通行台数（道路改良会（1929）および建設省道路局（1965）により作成）

整備が盆地全体に拡大したためであろう。一方で盆地部と山間部の通行量格差が広がった。

前述の鉄道路線網の拡充で大阪や京都への通勤・通学圏に編入されて人口の急増した盆地部と、依然山間で人口増加の望めない県南部の差は次第に拡大してきたのである。大阪や京都への通勤・通学が人口増加を招いたことは、自動車時代といえども盆地部の交通の重要性に変化を与えなかったことを示している。

三　奈良盆地をめぐるJRと近鉄

近畿地方鉄道大合同

奈良盆地の鉄道路線は、かつての国有鉄道線であるJR線も含めて、創業時すべて私設鉄道として開業した。つまり奈良盆地には「官設」路線が存在せず、それは明治期に殖産興業・富国強兵と距離をおいた地域であったためであり、かつては律令国家の五畿七道の全国的中枢であったことと対照的である。

盆地部を斜断するJR関西本線を軸に、王寺から派生して和歌山県域へ至るJR和歌山線も前述の大阪鉄道の王寺－桜井間開業にはじまる。その後一八九六（明治二九）年五月に高田－吉野口間を皮切りに二見（現大和二見）までを南和鉄道が建設した。その以西区間は一八九八年四月の二見－橋本間を皮切りに和歌山（現紀和）までを紀和鉄道が建設した。また一八九五年一一月までに草津－名古屋間を開業させた関西鉄道が一八九九年五月までに柘植－奈良間を、さらに一八九九年一〇月までに奈良鉄道が京都－桜井間（現JR奈良線、桜井線の一部）を開業させた。ちなみに「大仏線」の愛称で名高い関西鉄道加茂－奈良間の廃止区間も一八九八~九九年の開業である。

当時の鉄道業は、現在のそれとは対照的に陸上輸送をほぼ独占して高い収益性を誇ったために、近代産業の一つとして株式市場においても投資対象として資本家の注目が高かった。特に近畿地方は日本の古くからの経済中心であった大阪を核に資本の蓄積も豊富であり、多くの鉄道が計画されて建設された。奈良盆地の状況もその一端であったが、財界では中小鉄道会社の群雄割拠する状態を懸念し、やがてそれらの合同を求める意見も現れてきた。

二〇世紀初頭になると、その合同論の代表的論客の一人伴《ばん》直之助が、一九〇四~〇五年に近畿地方鉄道大合同論を提唱するようになった。(2) そのなかで関西鉄道による奈良県内の鉄道の合併も提唱されたが、一九〇〇年に同鉄道は一足早く大阪鉄道を譲受していた。結局壮大な計画は一九〇五年に紀和、南和、奈良の各鉄道が関西鉄道へ合併するにとどまった。しかし鉄道合同論は、やがて全国的潮流となって一九〇六年の「鉄道国有法」公布へとつながり、全国の主要幹線が国有化され、それまで東海道線、信越線など一部にとどまっていた官設鉄道とは異なり、全国に展開する国有鉄道網を生み出すことになった。

関西鉄道の国有化によって奈良県下の鉄道は一転していったんすべて国有鉄道(以下、国鉄)となり、現JR線の路線網が確立した。

近鉄「帝国」の萌芽

いったん民営路線のなくなった奈良盆地に、再び民鉄線を敷設したのは一九〇九(明治四二)年一二月に桜井-初瀬《はせ》間で開業した初瀬軌道(現在廃止)であった。ついで一九一二(大正元)年一〇月に吉野口-

吉野（現六田）間で開業した吉野軽便鉄道（現近鉄吉野線）で、それ以後しばらく国鉄の下請輸送を担う盆地内の「閉じた」局地鉄道の整備が進むことになった(3)。

そして一九一四年四月の大軌の上本町－奈良間開業は、平城京時代の繁栄をはるか昔日とした奈良へ、有名社寺に向かう遊覧客はもとより大阪との間の業務往来も含めて阪奈間の移動需要を高めることになった。大阪を起点に周辺都市を結ぶ電気軌道は、一九〇五年の阪神電気鉄道を皮切りに、箕面《みのお》有馬電気軌道（現阪急電鉄）、京阪電気鉄道などが相次いで開業し、大軌もその潮流の一翼を成していた。

これら後年に関西大手私鉄へ成長する各社の創業線は、いずれも国鉄線と並行するため「鉄道」として敷設免許を得ることが難しく、一計を案じて「鉄道」ではない、「軌道」であると称して敷設特許（軌道の場合は「特許」とよぶ）を得た点が共通する。軌道と称したからには道路との併用区間が必要で、大軌の場合には近鉄奈良駅付近の地下化まで油阪（現在廃止）－奈良間で道路を併用していた。

先の初瀬軌道や吉野軽便鉄道が各々桜井、吉野口で国鉄線に接続して、その旅客や貨物を引き受ける下請路線として開業したのに対し、大軌は真っ向から国鉄線に対抗する姿勢であった。また下請路線は貨物輸送用の貨車を直通させる関係で国鉄線と同じ軌間《ゲージ》（線路幅）を採用したが、大軌は国鉄線より広い軌間や電気動力を用いた点でも異なっていた。

大軌は上本町－奈良間に続いて、途中の西大寺から分岐して中街道沿いに南下して橿原に向かう畝傍《うねび》線（現橿原線）の建設に着手し、一九二三年三月まで西大寺－橿原神宮前間を開業させた。畝傍線の開業は次の二つの点で大軌の経営基盤を盤石のものとした。

一つは位置の異なる奈良駅の利用において、当初国鉄優位にあった乗降人員が一九二二年度以後大軌優位に転じたことがある（図４）。上本町－奈良間の定着効果はもとより、一九二二年四月に平端《ひらはた》まで開業した畝傍線の相乗効果で次第に盆地内の旅客を取り込むことで国鉄線を圧倒したのである。

いま一つは平端まで開業の際に同駅付近で交差する天理軽便鉄道（一九一五年二月開業、新法隆寺－天理間、一部区間廃止ののち現天理線）の補償を求められたのを機に、一九二一年に同社を合併した。大軌の自社線延長過程で周辺中小民鉄路線を合併する方法は、以後奈良盆地全域、さらに三重県でも同様に進行した。

盆地内で閉じた路線として開業していた局地鉄道はことごとく大軌の傘下に編入され、大阪市に本社を置く大軌は奈良県、三重県を影響圏に編入して「帝国」化を遂げた[4]。一九〇七（明治四〇）年にいったんすべての路線が国鉄になった奈良盆地では、今度はそれ以後の開業路線がことごとく近鉄傘下の経営路線となった。

ところで、鉄道に恵まれてこなかった県南山間部には、一九二二年四月改正の「鉄道敷設法」に「奈良県五條ヨリ和歌山県新宮ニ至ル鉄道」と規定された通称「五新線」計画があった。これが開業すれば県内唯一の国鉄建設線となったが、結局未成に終わったため鉄道は盆地部を中心にした路線網にとどまり、しかもそれは民設国営を経た現ＪＲ線と民設民営の現近鉄線に見事なまでに二分されて現在に至っている。

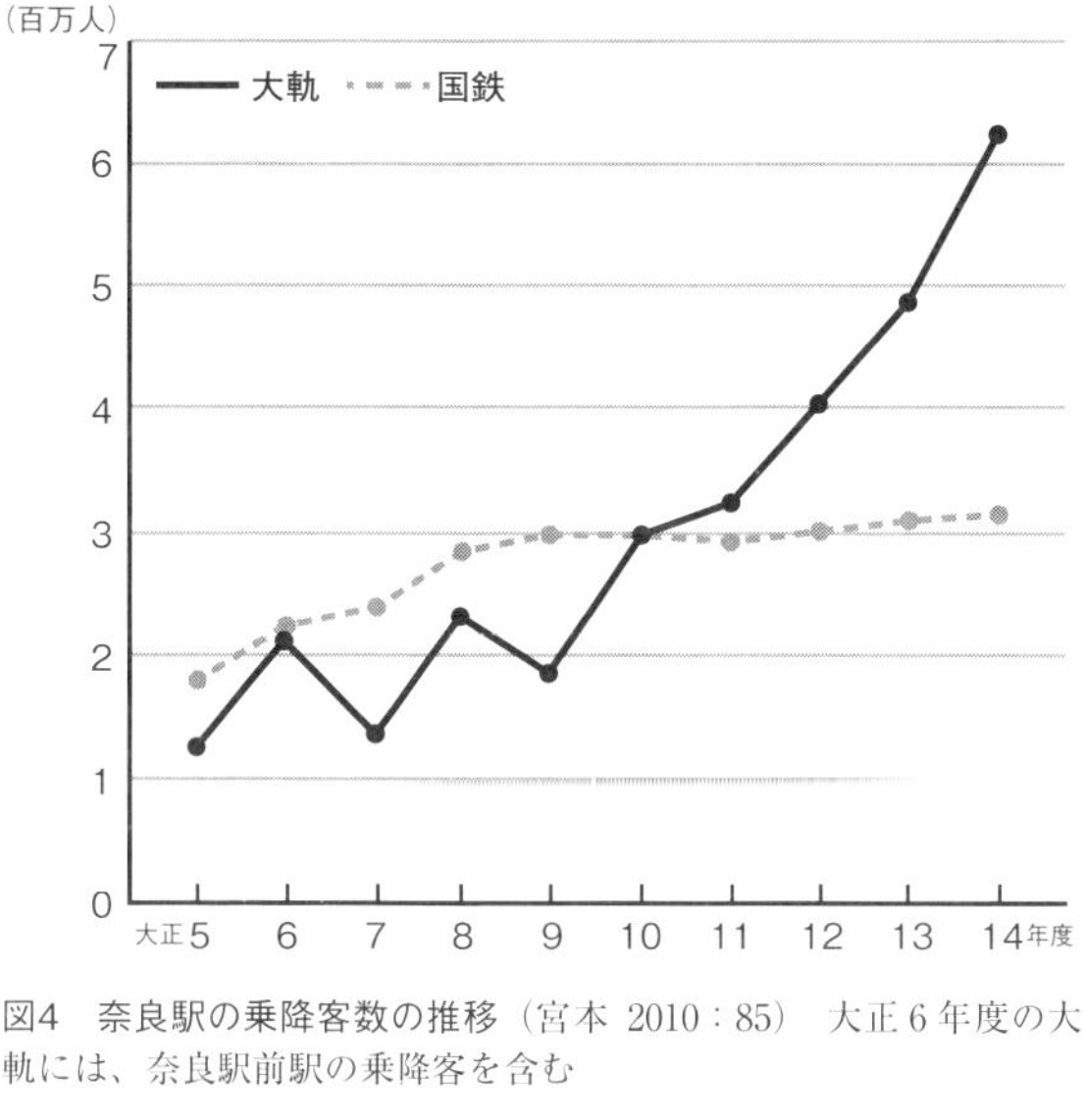

図4　奈良駅の乗降客数の推移（宮本 2010：85）　大正６年度の大軌には、奈良駅前駅の乗降客を含む

四　ＪＲと近鉄の駅はなぜ離れているか

離れた駅と隣接した駅

奈良盆地を鉄道で移動していると、王寺、桜井、天理などＪＲ線と近鉄線の駅とが隣接しているところがある一方で、奈良、大和郡山、大和高田などでは両線の駅が隔たって雨天の際にはうらめしい。

結論からいえば、その理由は奈良盆地の鉄道がまずすべて私設鉄道で開業し、それらがことごとく国有化された後に、その後に開業した局地鉄道線がこれまたことごとく大軌にはじまる近鉄ネットワークに編入されたことによる。

それら盆地内の主要駅から代表的と思われる分離と隣接の代表的事例を三例ずつ拾い、両者の駅が離れた要因や隣接した要因を探ってみよう。その際には単に鉄道駅のみならず、市街地との位置関係[5]にも着目してみたい。

奈良：離れた駅①

まずは県庁所在地の奈良駅から。ＪＲ奈良駅は大阪鉄道によって一八九〇（明治二三）年一二月に当時の奈良町の市街地西端に設けられた。その場所は江戸時代以来奈良市街の西端にあたっていた。駅は街の中心にあるという誤解を抱きがちだが、既成市街地に専用軌道敷（鉄道線路の敷設場所）を確保することは容易ではなく、また明治期の列車の運行に黒煙と振動は付きもので、実は市街地の外れこそが格好の駅設置場所であった（図5）。

一方近鉄奈良駅は興福寺や奈良公園に近く、また県庁にも面した至便の地である現大宮通りの市街地中枢部に設置された。大軌は、阪奈間で国鉄関西本線との競合路線ではない「路面電車」であることが建前であり、それを逆手にとって大宮通りに併用軌道で乗り入れ（三木二〇〇四）、枢要地への駅設置を実現した。もちろん草創期から大軌には奈良県有力者が関わっていたことも、こうした理想的な駅設置を可能にすることを後押しした。

大軌奈良駅が開業数年にして国鉄奈良駅を凌ぐ乗降客数を確保し得たのも、好立地の結果ではあるが、一方で国鉄線と離れた終点駅は自動車未発達の当時、大規模河川のない大軌沿線では物流に支障をきたした。そのため奈良市内で国鉄奈良駅構内と大軌線油阪付近との間に構内専用線を敷設し、奈良市から骸炭（コーク

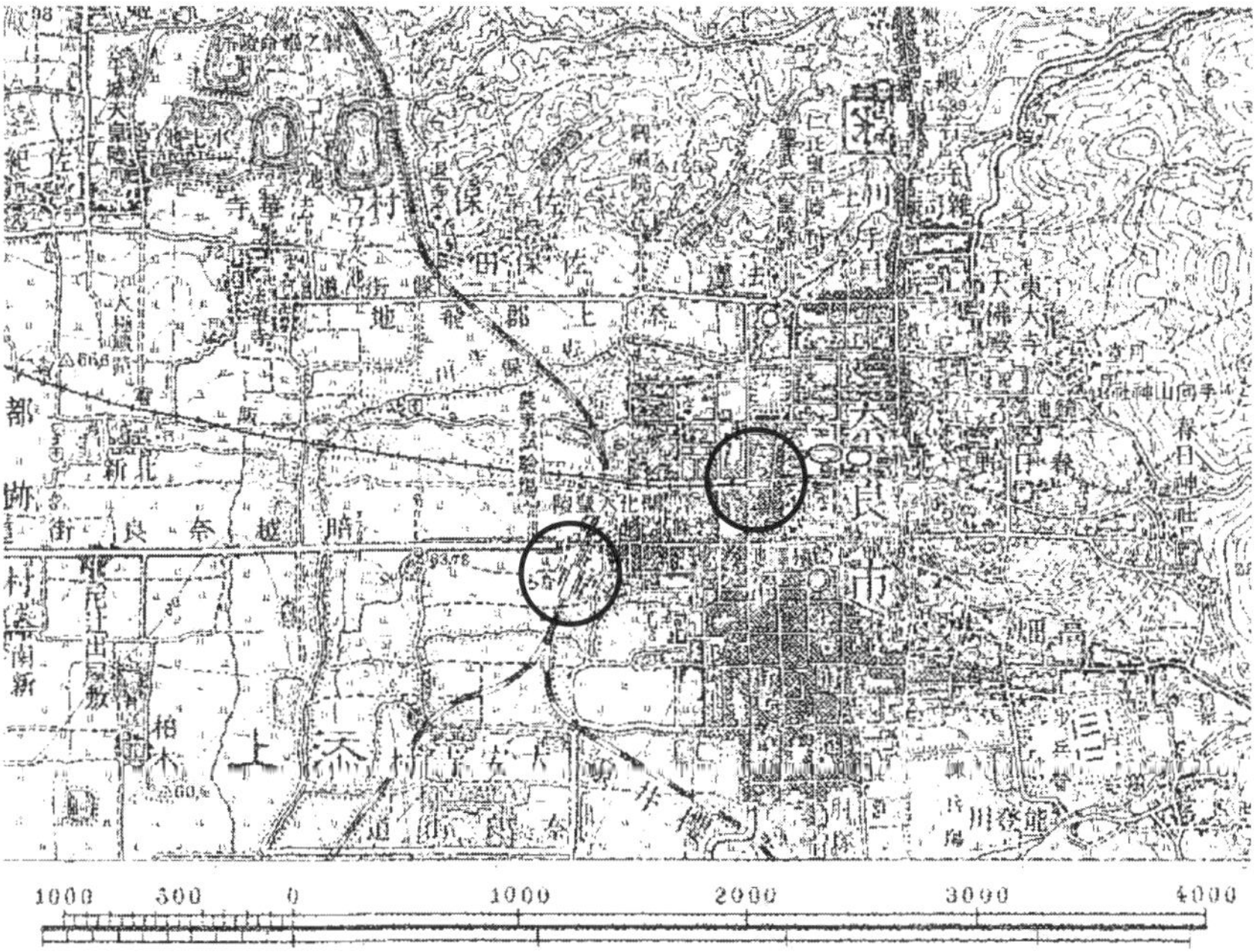

図5　奈良駅（1915年頃）（5万分の1 地形図「奈良」1916年12月発行）

ス）、清酒、文房具などを、逆に同市へ鉄および鋼、セメントを、各々輸送していた（神戸鉄道局　一九二六：七〇五－七〇六）。

大和郡山：離れた駅②

近世大和郡山藩の城下町として栄えた市街地東南端に設けられたJR大和郡山駅の位置は、「鉄道忌避」[6]を唱える人がいるほどの街外れである。しかし、地形図上でその経路を精査すると（図6）、市街地東北部で線路は南進するように曲がり、矢田丘陵の通過で生じる勾配を避けたと思わせる線形である。

現在でこそ関西本線は、大和路線の愛称で京阪神大都市圏の通勤路線の一角だが、当該区間の敷設当時は機関車牽引で勾配に弱く、さらに阪奈間は関

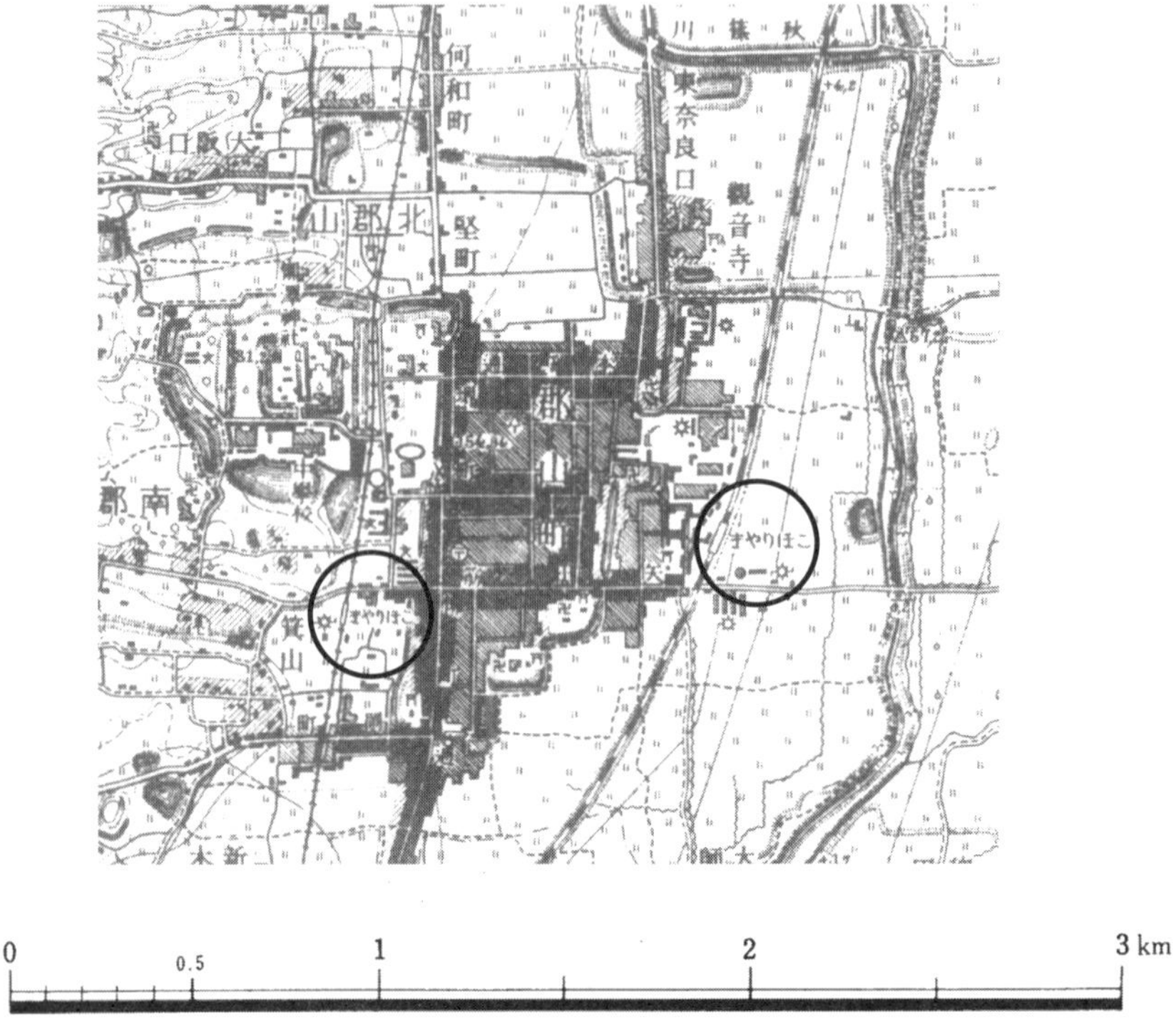

図6　大和郡山駅（1922年頃）（『日本図誌大系　近畿2』より）

西鉄道合併後には名阪間直通経路に編入されてもいた。それらを考慮すれば大和郡山で幾多の困難な用地買収を圧して市街地接近を試みる必要には乏しく、合理的な判断といえよう。

一方近鉄郡山駅は郡山城の堀端で市街との境界を南北に貫く下街道に沿った位置に設けられた。大軌が地元有力者と密接な関係にあり、また煙や振動の少ない電気軌道なればこそ容認された経路であった。実際大軌開通の三日間は、当時の郡山町をあげての大開通披露宴が催され、芸妓たちによって「軌道新たに通いそめ、アレアレ電車が来たわいな、ハテ奈良からか大阪からか……」（徳永 一九九二：一二一）と唄われたという。先行した国鉄駅が街外れで不便をかこっていたことも、大軌歓迎をさらに後押ししたのであろうが、そこには「忌避」の様相は微塵も感じられない。

大和郡山市街の南方で両線は交差するが、その地点に駅があれば……と思う向きは少なくない。両線が大阪－奈良間での競合線であることに加え、昭和戦前期までは国鉄と民鉄との間に連絡駅を設置すること自体が稀であった。上から目線の国鉄は「格下」の民鉄との協調など不要との立場で、片や民鉄側は大阪市内で市電（大阪市営電気軌道）と連携した利便性を優先し、不便な国鉄との協調は考えなかった。その証拠に大阪市内の鶴橋、京橋、新今宮などの各民鉄との連絡駅（構造）はいずれも戦後のことである。

大和高田：離れた駅③

大和高田市街は、中央道路とよばれる旧高田川の廃川敷を境に、東側の高田城の城下起源で江戸期には農業集落となっていた本郷地区と、西側の専立寺《せんりゅうじ》周辺に商人が集積した寺内町地区から成っている。大阪鉄道が一八九一（明治二四）年三月に王寺から路線を延伸し、本郷地区東端、市街地東端に開設されたのが現ＪＲ高田駅である。線形からは寺内町地区西端への駅設置も可能に思えるが、高田川の氾濫を避けた選定なのであろう（図7）。

次に大軌高田（現近鉄大和高田）駅は一九二七（昭和二）年七月、寺内町地区北端に開設された。その位置は高田川右岸に接し、氾濫時の危険が懸念されるが、大軌桜井線（現近鉄大阪線）は伊勢から名古屋延伸を意識した路線のため直線経路を優先したのであろう。

さらに大和高田にはもう一つ大阪鉄道（二代目）が市街地南端に一九二九年三月、高田市駅を開設した。大阪鉄道（二代目）は、

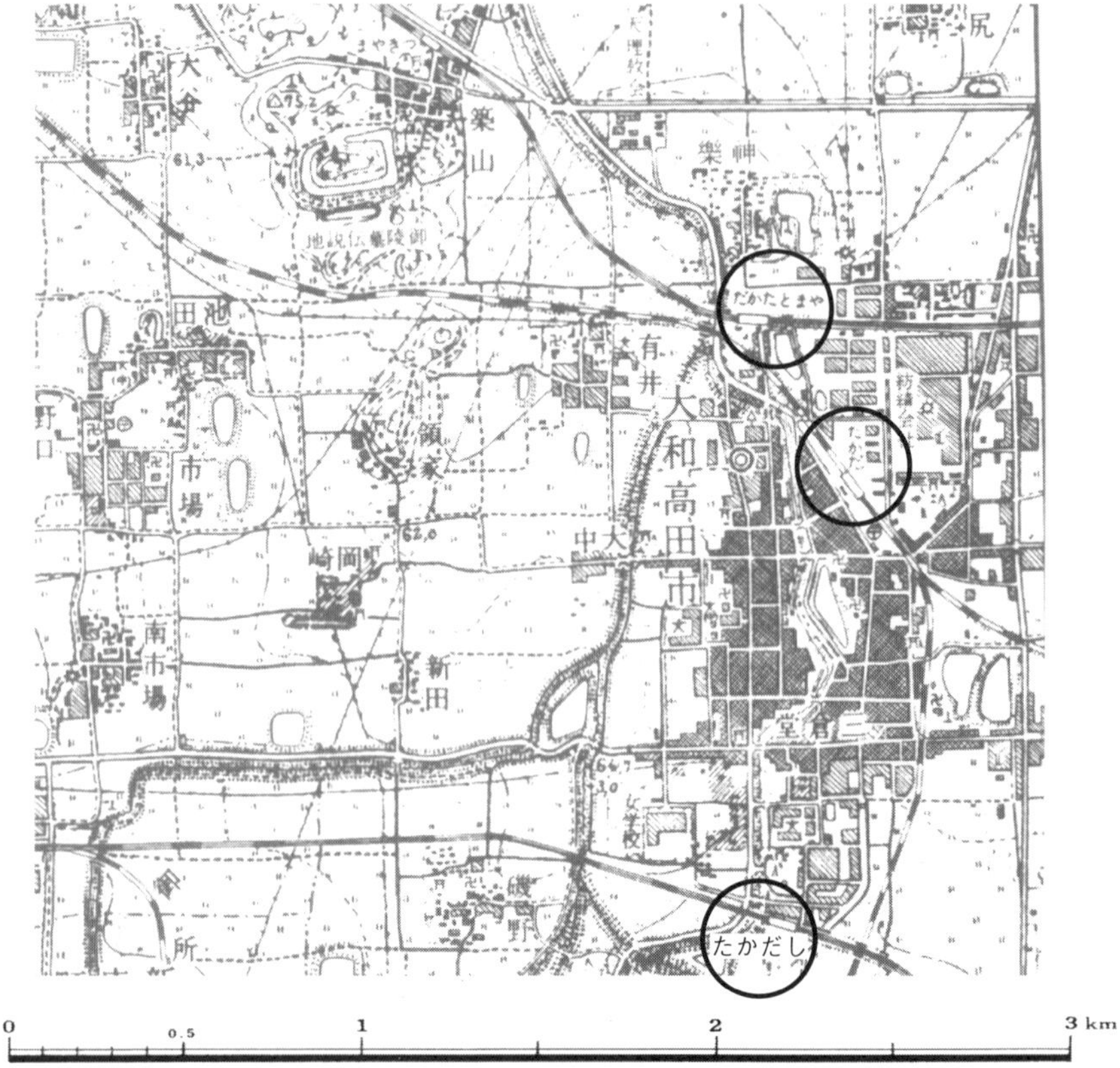

図7　大和高田駅（1959年頃）（『日本図誌大系　近畿2』より）

現ＪＲ関西本線などの一部をなす前述の大阪鉄道とは全く別の会社である。一八九八年三月に河陽鉄道（のち河南鉄道に再編）が大阪府下の柏原－古市間を開業し、その後河内長野、さらには大阪鉄道に社名変更の後に道明寺から分岐して大阪天王寺（現大阪阿部野橋）、古市から分岐して久米寺（現橿原神宮前）へと路線を延伸した現近鉄南大阪線などの前身にあたる。その古市－久米寺間建設の過程で開設されたのが高田市駅で、当時同社は大軌に対抗しつつ伊勢方面への延長を企図しており、これも直線に近い経路の選定につながった。

大和高田市の場合、こうした各路線の建設会社の意図は多様であり、その経営方針に即して駅を設置したため、たいして広くない市街地に駅が分散し、また大和郡山のような市街地内乗入路線も実現しなかった。大和高田市のような例は埼玉県の川越市にも認められる。

王寺：隣接した駅①

王寺駅は一八九〇（明治二三）年一二月に大阪鉄道が設置した。王寺村本来の集落は、ＪＲ畠田駅（和歌山線）との中間付近に位置する当時の大字王寺と藤井両地区で、王寺駅の設置された久度《くど》は駅前集落を新たに形成して発展した（図８）。そして、その人口増加が一九二六（大正一五）年の町制施行の原動力になった。和歌山線との分岐駅となった王寺駅には機関区（現在廃止）や運送店などが設けられ、そこで働く鉄道関係従業者の多い「鉄道町」として発展した。

一方、現近鉄田原本線の前身の大和鉄道は、まず一九一八（大正七）年四月に新王寺－田原本間で開業し、その後一九二八（昭和三）年五月までに桜井へと延伸した。起点駅の新王寺は王寺駅の東側にわずかに離れて位置する。

他方、現近鉄生駒線の前身である信貴生駒電気鉄道（一九二五年に信貴生駒電鉄に譲渡）は、当初王寺から生駒、交野《かたの》を経て枚方《ひらかた》に至る間の鉄道敷設を計画し、まず一九二二年五月に王寺－山下（現信貴山下）間が開通し、一九二七年四月に生駒まで開通した（その後同年七月に枚方東口－私市《きさいち》間が開業し、京阪電気鉄道交野線となる。生駒－私市間は未開業）。駅は先の田原本線の新王寺駅よりも国鉄駅に近接した。信貴生駒電鉄は大和鉄道を一九六一年一〇月に合併し、その後六四年一〇月に近鉄に合併された。

王寺駅でＪＲと近鉄両線が隣接するのは現近鉄二線が本来国鉄関西本線の下請輸送を担う局地鉄道として建設されたためである。

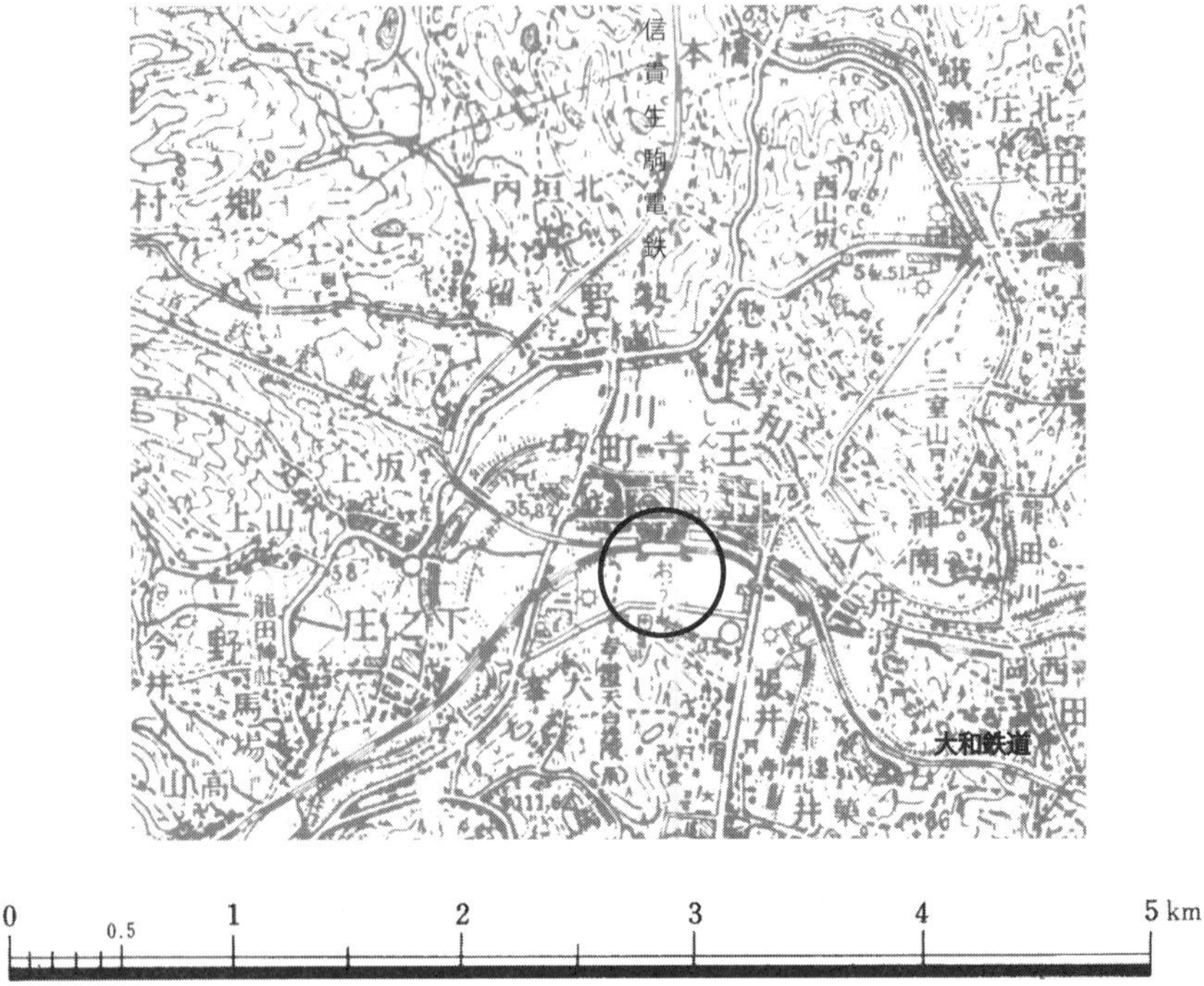

図8　王寺駅（1950年頃）（『日本図誌大系　近畿2』より）

現在桜井駅はＪＲ桜井線と近鉄大阪線が共用している。その場所では一八九三（明治二六）年五月にまず大阪鉄道の高田－桜井間開業時に駅が設置された。その後京都から奈良を経て一八九八年五月に奈良鉄道の桜井延長で接続駅となった（図９）。

　これらが関西鉄道を経て国有化された後の一九〇九年一二月に桜井駅東方に起点を置いて長《は》谷《せ》寺《でら》の門前町の初瀬までを結ぶ初瀬軌道が開業し、国鉄線とは貨車直通を考慮して接続した。しかし当初初瀬軌道は機関車を保有せず、蒸気動車という客車に直接蒸気機関を搭載した動車で運行し、国鉄線との直通貨車も動車牽引のため輸送量は限定的であった。

　ついで一九二三年五月に大和鉄道が田原本から桜井町まで路線を延長し、さらに一九二八（昭和三）年五月に桜井町－桜井間（〇・三キロメートル）を延長して桜井駅に乗り入れてきた。ここまでの経緯は先の王寺の事例に類似している。

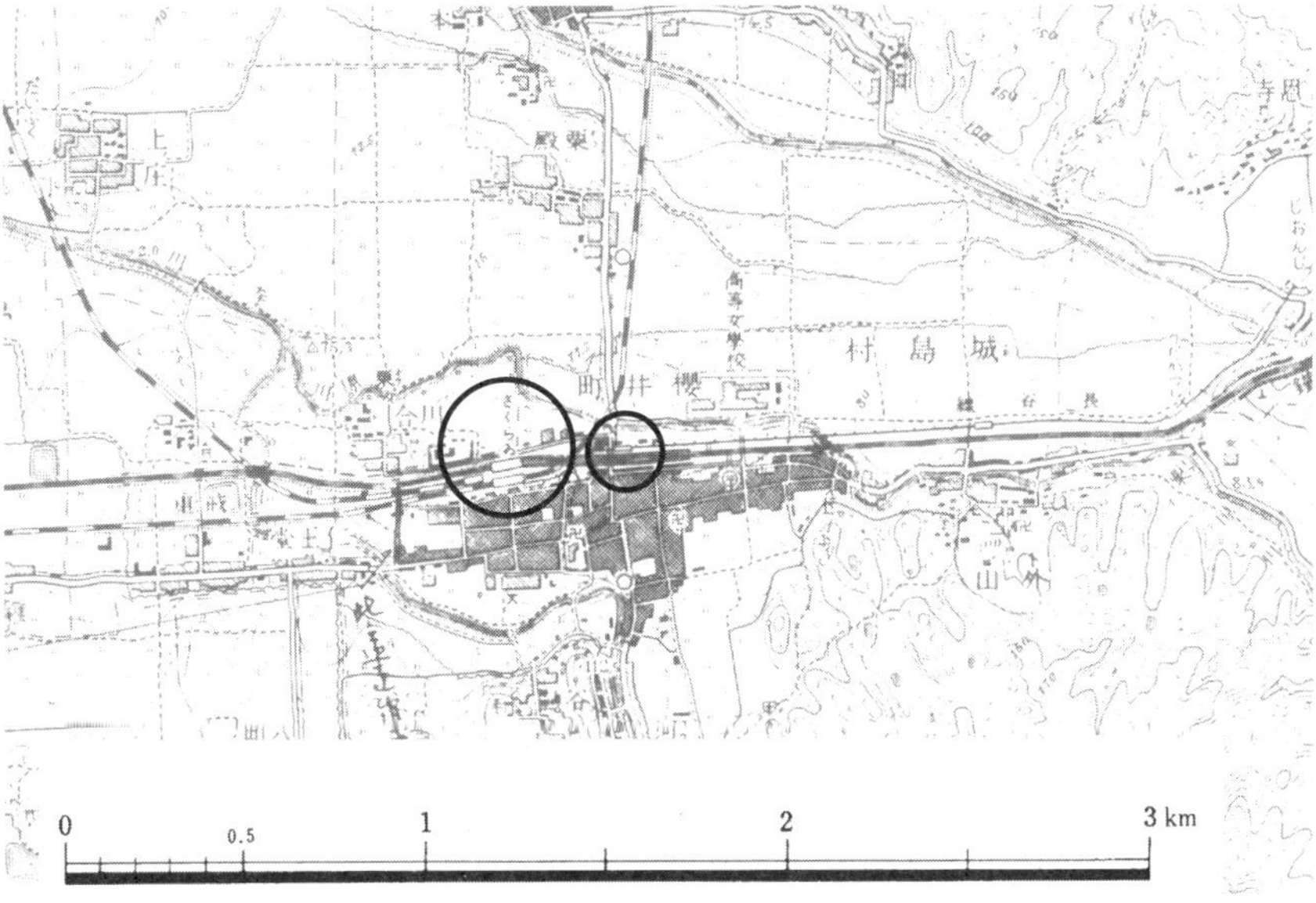

図9　桜井駅（1929年頃）（『日本図誌大系　近畿2』より）

ところが、その翌二九年一月には大軌が上本町（大阪）−奈良間の経路上にある布施から分岐して桜井に至る桜井線（現大阪線）を開業させて乗り入れてきた。そしてこれに先立ち一九二二年六月に大和鉄道は桜井−名張（三重県）間の延長免許を得ていた。当時三重県を経て名古屋への延長を目論んでいた大軌は、大和鉄道の保有する路線免許に着目し、それを利用して宿願を果たすべく同鉄道の株式の取得に乗り出し、一九二五年四月に完全な傍系会社としていた。そして大軌は、大和鉄道の名義を利用して伊勢延長を進める姉妹会社として参宮《さんぐう》急行電鉄を設立し、桜井以東区間の建設を委ねることになった。

要するに近鉄の桜井駅は元来大軌本線ではなく、国鉄の下請輸送を担う局地鉄道線の駅であったため隣接しているのである。しかし、その局地鉄道はもはや廃線によって消滅し、それを資本的に操って伊勢、名古屋延長を実現した大軌の本線駅のみがＪＲ駅に隣接して存続するという皮肉な形態になっている。

天理：隣接した駅③

宗教都市の一つとして知られる天理市の市街地は、江戸時代に月当たり六回市立てされる六斎市で、上街道の宿場町でもあった丹波市が原型とされている。一八九八（明治三一）年五月に奈良鉄道の開設した駅名も丹波市で、その位置も現駅の南方〇・三キロメートルのところに設けられた（図10）。

当時大阪に多かった天理教信者は、大阪鉄道（現ＪＲ関西本線・桜井線）で奈良または桜井へ出て、そこから奈良鉄道（現ＪＲ桜井線）を利用する迂回経路を余儀なくされていた。その不便を解消すべく国鉄法隆寺駅に接続して天理への経路を短縮する天理軽便鉄道が、一九一五（大正四）年二月に新法隆寺−天理間で開業したが、その天理駅は丹波市駅北方に離れて位置した。

天理軽便鉄道が開通すると小規模ながら大阪からの天理参拝に優位性を発揮したが、「軽便」鉄道ゆえに押し寄せる参拝者を前にその輸送力が伴わなかった（角 二〇一五）。天理軽便鉄道側の大軌との合併受容は輸送力増強の期待に駆られたものかもしれない。

特に天理教大祭時には、国鉄や近鉄といった事業者の利益を越えて総力輸送を余儀なくされる宗教都市の駅にとって、一九六五年九月の総合駅化は必然的帰結であったともいえよう。天理駅は本来分離していた国鉄駅と近鉄駅が合同した県内で稀有な事例である。

五　エピローグ
——開く交通の時代

本章で主題とした鉄道を例にすれば奈良盆地にとって、現ＪＲ線は元来「開く交通」だが、

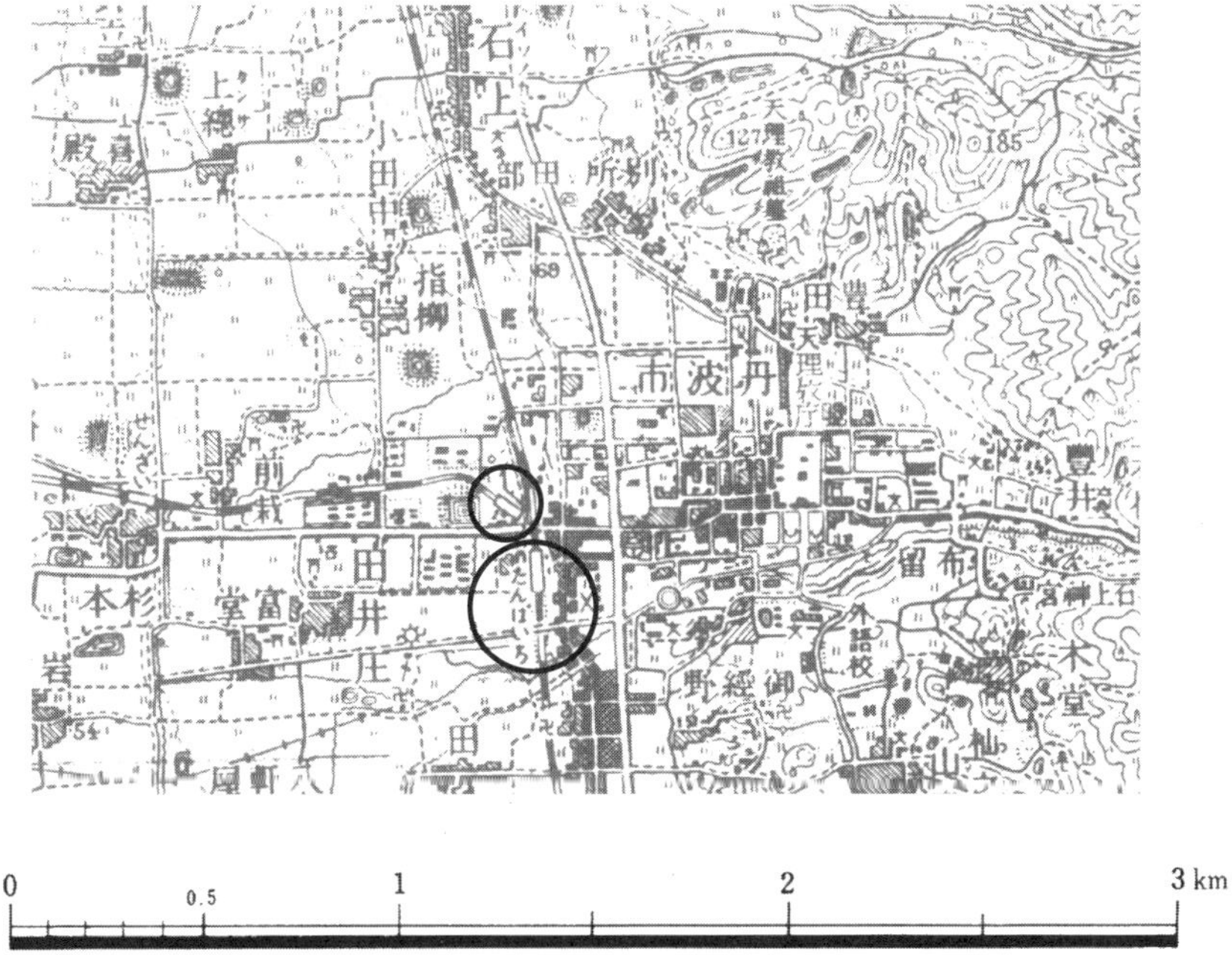

図10　天理駅（1949年頃）（『日本図誌大系　近畿2』より）

現近鉄支線は本来「閉じた交通」であった。しかし各々が独自の路線網を形成し、本来国鉄線の下請路線として「閉じた交通」を形成していた局地鉄道線を、「開く交通」の近鉄幹線に統合して従属させ、それを自社線に有利に改編したものが、「開く交通」である現在の近鉄の路線網ということになる。

そのため近鉄は、自社線への旅客集客に不利になる幹線筋での国鉄線との共同駅化は原則として行わず、利用者にとってはJRと近鉄駅の分離という不便が生じたといえよう。現在の奈良盆地の移動の問題は盆地特有の交通のあり方を発端としていると考えられる。

《註》

（1）軌道とは、一般に広義の「鉄道」のうち軌道敷を道路と併用する交通機関で（併用軌道とよぶ）、現在では一般に「路面電車」とよんでいるものが該当する。一方専用軌道敷を用いる通常の鉄道は狭義にも「鉄道」という。

（2）近畿地方鉄道大合同論全体については、老川（二〇〇八：二三八－二六三）を参照。

（3）それらの詳細は松藤（二〇〇三）を参照。

（4）近鉄の路線網拡大は宮本（二〇一〇）を、その「帝国」化の過程は三木（二〇〇三）を、各々参照。

（5）各市街地の形成の経緯については主に奈良地理学会（二〇〇〇）に拠った。

（6）明治期を中心に鉄道の通過で、機関車の火の粉で火災になる、あるいは他地域との往来増加で風紀が乱れるなどとして、鉄道駅設置に反対したとする風説。その詳細は青木（二〇〇六）を参照。

〔引用・参考文献〕

青木栄一『鉄道忌避伝説の謎―汽車が来た町、来なかった町―』〈歴史文化ライブラリー二二二〉吉川弘文館、二〇〇六年
老川慶喜『近代日本の鉄道構想』〈近代日本の社会と交通第三巻〉日本経済評論社、二〇〇八年
角克明「旅客輸送からみた天理軽便鉄道」『総合教育研究センター紀要（天理大学人間学部総合教育センター）』第一三号、二〇一四年、一-一八頁
鎌田道隆『お伊勢参り』中公新書、二〇一三年
木下良『事典・古代日本の道と駅』吉川弘文館、二〇〇九年
建設省道路局『一般国道および重要都道府県道交通量図（都道府県別）昭和四〇年度』建設省道路局、一九六五年
神戸鉄道局『貨物より観たる駅勢要覧』神戸鉄道局（奈良大学図書館所蔵）、一九二六年
道路改良会『全国交通調査図表　昭和三年秋期』道路改良会、一九二九年
徳永慶太郎「近鉄昔ばなし」『鉄道ピクトリアル』第四二巻第五六九号、一九九二年、一一八-一二三頁
奈良地理学会編『大和を歩く―ひとあじちがう歴史地理探訪―』奈良新聞社、二〇〇〇年
松藤貞人『奈良県の軽便鉄道―走りつづけた小さな主役たち―』やまと崑崙企画、二〇〇三年
三木理史「近畿日本鉄道の形成―戦前の合併と戦後の統一―」『鉄道ピクトリアル』第五四巻第七二七号、二〇〇三年、九七-一一五頁
三木理史「古都と電車―大阪電気軌道の奈良乗入をめぐって―」『総合研究所所報』（奈良大学総合研究所）第一二号、二〇〇四年、一一一-一一七頁
宮本又郎監修『近畿日本鉄道一〇〇年のあゆみ』近畿日本鉄道株式会社、二〇一〇年
村松繁樹「伊賀に於ける聚落の研究」小川琢治博士還暦祝賀会編『小川博士　還暦祝賀記念論叢』弘文堂書房、一九三〇年、五三七-五八一頁

〈著者紹介〉

〈掲載順〉

池田《いけだ》　安隆《やすたか》

奈良大学教授。自然地理学専攻。一九五一年、神奈川県茅ヶ崎市生まれ。東京大学大学院博士課程単位取得退学。理学博士。
主な著書　『活断層とは何か』〔共著〕（東京大学出版会、一九九六）、『第四紀逆断層アトラス』〔共編著〕（東京大学出版会、二〇〇二）、『地球のテクトニクスⅠ：堆積学、変動地形学』〔共著〕（共立出版、二〇一一）ほか。

木村《きむら》　圭司《けいじ》

奈良大学教授。地理学専攻。一九六八年、大阪府堺市生まれ。東京大学大学院博士課程単位取得退学。博士（理学）。
主な著書　『日本のすがた3　近畿地方』〔監修・共著〕（帝国書院、二〇一三）、『四訂版　ＧＩＳと地理空間情報』〔共著〕（古今書院、二〇一六）ほか。

稲垣《いながき》　稜《りょう》

奈良大学准教授。都市地理学専攻。一九七四年、岐阜県大垣市生まれ。名古屋大学大学院博士後期課程修了。博士（学術）。
主な著書　『郊外世代と大都市圏』（ナカニシヤ出版、二〇一一）、『現代社会の人文地理学』（古今書院、二〇一四）ほか。

三木《みき》　理史《まさふみ》

奈良大学教授。交通地理学専攻。一九六五年、大阪府羽曳野市生まれ。関西大学大学院博士後期課程中退。博士（文学）。
主な著書　『都市交通の成立』（日本経済評論社、二〇一〇）、『局地鉄道』（塙書房、二〇〇九）ほか。

奈良大ブックレット07 **自然と人間** 奈良盆地に生きる

二〇一九年三月二八日 初版第一刷発行

編者 学校法人 奈良大学
著者 池田安隆／木村圭司
稲垣 稜／三木理史 〈掲載順〉
発行者 中西 良
発行所 株式会社 ナカニシヤ出版
〒六〇六-八一六一 京都市左京区一乗寺木ノ本町一五番地
電話 (〇七五) 七二三-〇一一一
ファックス (〇七五) 七二三-〇〇九五
振替 〇一〇三〇-〇-一三一二八
URL http://www.nakanishi.co.jp/
e-mail iihon-ippai@nakanishiya.co.jp
印刷・製本 共同精版印刷株式会社
装幀 河野 綾／編集 石崎雄高

ISBN978-4-7795-1367-1 C0325

奈良大ブックレット発刊の辞

市川　良哉

時代が大きく変わっていく。この思いを深める。少子高齢化は社会の在り方や個人の生活を変えていく。情報の技術的な進歩が人とのコミュニケーションの在り方を激変させている。人はどう生きるべきかという規範を見失ったかに見える。地震や津波などの自然災害、殊に原発事故の放射能汚染は生命を脅かしている。こうしたことの中に将来への危惧にも似た不安を覚える。

不安はより根本的な人間の気分を意味するという。こうした気分は人の内面に深く浸透していく。不安にさらされながらも、新しい時代に相応しい人としての生き方こそが求められなければならない。そうしたとき、人は自らの生き方を選択し、決断していかなければならない。孤独な生を実感する。そこでも、われわれはこのような生き方でいいのだろうかと大きな不安を抱く。

不易流行という言葉はもと芭蕉の俳諧用語で、不易は詩的生命の永遠性をいい、流行は詩の時々におけるはやりをいう。ここから、この語はいつの時代にも変わる面と同時に、変わらない面との、二つをもっていることを意味する。

変化する面は措《お》くとして、歴史とは何か。文化とは何か。人間とは何か。人間らしい生き方とは。平和とは何か。人間や世界にかかわるこの問いは不変である。不安な時代の中で、われわれはこの根源的な問いを掲げて、ささやかながらも歴史を、文化を、人間を追求していきたい。そうした営みの中で、人の生き方を考える道筋を求め、社会を照らす光を見出していきたい。

奈良大ブックレットは若い人たちを念頭においた。平易な言葉で記述することを心がけ、本学の知的人的資源を活用して歴史、文化、社会、人間について取り上げる。小さなテーマに見えて実は大きな課題を提起し、参考に供したいと念願する。

（奈良大学 理事長）

二〇一二年一〇月